昆弘見［著］
Kon Hiromi

あなたを狙う「残業代ゼロ」制度

新日本出版社

はじめに

労働者は、残業すれば割増残業代が払われます。当たり前のことです。法律でそう決まっています。

これは正社員だけではありません。アルバイトや派遣など非正規労働で働いている人も含め、すべての労働者が対象です。労働基準法で週40時間、1日8時間を超えて労働者を働かせてはならないと定められ、これを超えて働かせたら割増残業代を払うことを経営者に義務づけています。違反する経営者には罰則があります。

法律にしばられず、労働時間の制限を気にせず、残業代を払う心配をすることもなく労働者を働かせることができたら、経営者はどんなにうれしいか。しかし経営者がそうしたいと思っても、それは許されません。

ところがその許されない経営者の願いを安倍晋三政権がかなえようとしています。残業代を払わずに労働者を働かせるための「残業代ゼロ」制度を創設するというのです。その制度を盛り込んだ労働基準法改定案を2015年4月に国会に出してから、戦争法や労働者派遣法を優先する必要があって仕方なく継続審議扱いにしてきましたが、今度こそはと意気込んで成立させようとしています。

管理職になる一歩手前で、年収が1075万円を超える労働者について、労働基準法の労働時間規定を丸ごと「適用除外とする」という内容です。この労働者を「高度プロフェッショナル」と呼んでいます。労働時間規定の対象外になるので、どんなに長時間働いても残業代が払われません。「労働時間ではなく成果で評価する」制度だというのですが、まともに評価されるかどうか疑わしいまったく怪しげな制度です。

恐ろしいのは、労働時間を管理する企業の責任がなくなることです。となれば労働者が働き過ぎて病気になるとか、「過労死」するようなことがあっても、それは労働者が勝手にやったことで自己責任だということにされます。

また「成果で評価」するということになれば、成果しだいで賃金が下がることがおこりえます。そうなっても「あなたのがんばりが足りず、成果をあげられなかったからです」と、これも自己責任にされます。

「過労死」しても「賃下げ」になってもすべて自己責任。これでは本来なら企業が負うべき責任を免罪する労働者自己責任時代になってしまいます。

「年収1075万円」「高度専門職」という導入要件をみて、自分には関係ないと思う人もいるかもしれません。そういって安心させてとにかく法律を通し、そのあとで要件を下げて、企業に有利な制度に変えるのは簡単です。たとえば業務を制限して制定された労働者派遣法は、いまや無制限に利用できるひどい制度になっています。「小さく産んで大きく育てる」というのが政府、財界の考えです。

「残業代ゼロ」制度は、アメリカの「ホワイトカラー・エグゼンプション」（ホワイトカラー労働者にたいする割増賃金の適用除外制度）を日本でも導入したいという財界の強い要求で検討が始まりました。安倍政権は、第1次政権のときの2007年に適用除外制度をつくる法案を国会に提出しようとしましたが、国民から「残業代ゼロ法案」「過労死促進法案」だと批判されて、提出を断念せざるをえませんでした。この年の夏の参議院選挙で自民党が大敗し、安倍首相は退陣。法案は立ち消えの形になっていました。それを再登場した安倍政権が装いを変えて持ち出してきたのです。

安倍政権は、日本を「企業が世界で一番活躍しやすい国」にするといって企業を支援する政治に熱中していますが、労働者の立場はまるで目に入りません。

世界の主要国で日本は突出して労働時間が長い国。違法な「サービス残業」もなくなりません。この状態を放置したままで、労働時間の規制をはずす制度をつくったら、労働者はますますひどい際限のない長時間労働になるだけです。いま政治が優先してやるべき「働き方改革」の方向とはまったく逆であり、あきらかに間違いです。

「残業代ゼロ」制度をつくる労働基準法の改悪を許したら、労働者の働き方は劇的に悪化することになりかねません。働く環境がさらに悪くなったら、経済が健全に成長するわけがないことに経営者は気づかないのでしょうか。ほんとうに強い危機感をおぼえます。

労働時間規定は労働者保護の〝本丸〟です。労働者をその規定から排除し、経営者の自由にまかせる法案を絶対に通すわけにはいきません。反対運動の前進にこの本が役立つことを切に願っています。

２０１６年４月

昆　弘見

目次

第1章　残業代ゼロへ、法律が変わる

■「高度プロフェッショナル」と名前を変えて

「残業代ゼロ」制度をつくる労働基準法の改定案は、２０１５年４月３日に国会に提出されました。２０１６年４月の施行をめざしていましたが、審議入りできず、継続審議扱いになっています。

厚生労働省は、改定案を次のように説明しています。

「長時間労働を抑制するとともに、労働者が、その健康を確保しつつ、創造的な能力を発揮しながら効率的に働くことができる環境を整備するため、労働時間制度の見直しを行う等所要の改正を行う」

安倍晋三首相は16年1月22日に国会でおこなった施政方針演説で、労働時間に画一的な枠をはめる労働制度の発想を改めると強調して、次のようにのべました。

「専門性の高い仕事では、時間ではなく成果で評価する新しい労働制度を選択できるようにします」

政府のこういう宣伝の効果でしょうか、最近「働いた時間ではなく、成果に応じて賃金を払う新しい制度ができる」などという新聞やテレビの報道がみられます。「長時間労働を抑制する」「健康を確保し……効率的に働く」「成果で評価する」というのが本当にそうなら、結構だということになるでしょう。労働者が働き過ぎて「過労死」する異常な長時間労働を抑えるために、政府が本気になることは国民の強い願いですから。

では法案の中身をみていきましょう。

中心点は、「特定高度専門業務・成果型労働制（高度プロフェッショナル制度）」を創設するとしていることです。これが「新しい労働制度」といわれているものです。

労働基準法の第41条に次のような文言を書き加えます。実際の法律の文書は複雑で分かりにくいので要約して紹介します。

表１　「高度プロフェッショナル」はこんな働き方になる！

	現行法	新制度
①労働時間	1日8時間、週40時間を超えて労働させてはならない（労働基準法32条）	× 〔24時間労働も可〕
②割増賃金	時間外、休日労働、深夜労働は割増賃金を支払わなければならない（同37条）	× 〔残業代はゼロ！〕
③休憩	6時間超の労働の場合は、少なくとも45分。8時間超の労働の場合は、少なくとも1時間の休憩を与えなければならない（同34条）	×
④休日	週1回の休日または4週間に4日以上の休日を与えなければならない（同35条）	×
⑤36協定	時間外労働や休日労働は、労使協定を必要とし、行政官庁に届け出る（同36条）	×

「職務の範囲が明確で、年収が労働者の平均給与の三倍の額を相当程度上回る水準（労働政策審議会の建議は１０７５万円と設定）の労働者で、高度の専門的知識を必要とし、従事した時間と従事して得た成果との関連性が通常高くない業務に従事する場合に、労働基準法の第四章で定める労働時間、休憩、休日及び深夜の割増賃金等に関する規定は適用しない」

年収１０７５万円以上で、高度の専門的知識が必要な仕事をする労働者が対象だといいます。この労働者を「高度プロフェッショナル」と呼び、労働基準法の「労働時間、休憩、休日及び深夜の割増賃金」についての規定を適用しないという内容です（表1参照）。

どういう業務の労働者が対象になるのかは、法律が通った後に省令で定めることにしています。労働政策審議会では次のような業務が対象にあげられています。

「金融商品の開発業務、金融商品のディーリング業務、アナリストの業務（企業・市場等の高度な分析業務）、コンサルタントの業務（事業・業務の企画運営に関する高度な考案又は助言の業務）、研究開発業務等」

労働基準法の第41条とは「労働時間等に関する規定の適用除外」を定めている条項です。管理監督者とか、社長秘書のような会社の機密事項を扱う業務についている一部の労働者などが、この条項に該当しています。

特別の立場の人に限って適用除外としてきたこれまでの判断を変えて、管理監督者ではない、その一歩手前の労働者、安倍首相の表現をかりれば「専門性の高い仕事」の人に広げようとしているのが今回の改定案です。管理監督者になる手前の労働者は、どこの会社でも労働時間が長く、一番の稼ぎ手、働き盛りの層。その労働者たちを労働時間規制の対象外にする。そして、どんなに長時間働いても残業代を出さなくてもいい仕組みをつくろうということです。

どうみても、まぎれもない「残業代ゼロ法案」です。

これは変だとあなたも思いませんか。長時間労働を抑制するのが目的だというのに、どうして労働時間規制を適用除外にするのですか。労働時間の規定は労働基準法のなかでも労働者を保護するためのたいへん重要なところです。労働者は、自分の労働力を経営者に売って、その賃金で生活しています。このときに何時間働くのか明確なとり決めがないと、経営者の思いのままに働かされることになってしまいます。

このために労働時間規制を適用除外にするさいの対象を法律で厳格に定めています。とくに管理監督者は、２００８年に日本マクドナルドの「名ばかり店長」の残業代未払いが問題になったように、対象を広げて悪用されているケースがよくあります。本来の解釈は「部長、工場長等労働条件の決定その他労務管理について経営者と一体的な立場にあるもの」というのが政府の立場です。

管理監督者を適用除外者として扱うのは、会社の重要決定事項に参加し、賃金でも特別の役職手当があるなど高水準で、勤務形態でも一般の労働者とはまったく違う経営者同様の裁量があるなど、高い待遇を受けている立場だからです。

課長はこの管理監督者に入るのでしょうか。厳密な法解釈からいうと「課長だから残業代は適用除外」という考えは誤りだといえます。しかし現状は、ほとんどの企業が課長になったら手当を出して残業代の対象外にし、労働組合からも抜けるという経営側の立場にされています。労働時間の長い労働者を「部下なし課長」に昇格させて残業代支払いの対象外にしているのが実態です。

民間調査機関の労務行政研究所が２０１２年11月に管理職への残業代支給の実態調査結果を発表しています。それによると部長クラスで95・１％が不支給です。課長クラスは88・５％が不支

表2　各役職位に対する時間外手当（残業代）の支給状況

（単位：%）

区　分	支給	支給･不支給ともあり	不支給
部長クラス	0.9	4.0	95.1
課長クラス	3.7	7.8	88.5
課長代理クラス	**38.5**	10.6	51.0
係長クラス	**89.0**	4.8	6.2
主任クラス	**94.6**	2.0	3.4

（出所）財団法人労務行政研究所調査（2012年11月2日発表）。

給です。

企業にとって一番のねらいは、課長になる一歩手前の労働者たち（課長代理、係長、主任など）の残業代抑制にあります。この人たちは現在は表2にみるように38・5%～94・6%支払われています。「高度プロフェッショナル」は管理職待遇ではないけれども、高度で特別の労働者だから適用除外してもいいということに解釈を広げて押し切ろうというのが今回の法改定のねらいだといえます。

■管理職でないのに深夜割増が適用外に

管理職になっていない労働者をとにかく労働時間規制の適用除外にしようとするこの法案は、理屈がでたらめすぎるので、欠陥法案といってもいい矛盾をかかえています。

現在、管理監督者は、残業代の支払いは適用除外になっていますが、深夜労働は規制されています。法律の建て前では、たとえ管理監督者でも午後10時から翌日の午前5時までの勤務については25%の割増賃金を払わなければなりません。さきの労務行政研究所の調査では全体の68・

表３　管理職が深夜に勤務した場合の割増賃金等の支給状況

（単位：％）

区　分	規模計	1,000人以　上	300～999人	300人未　満
割増賃金を支給している	**68.4**	**69.5**	**76.1**	**56.6**
割増賃金ではなく、定額の手当を支給	8.9	8.6	7.5	11.3
支給していない	20.4	18.1	14.9	32.1
その他	2.2	3.8	1.5	

（出所）財団法人労務行政研究所調査（2012年11月2日発表）。

表４「高度プロフェッショナル」は全部ダメ！

	残業代	休日手当	深夜手当
一般社員	○	○	○
高度プロフェッショナル	×	×	×
裁量労働者	固定手当	○	○
管理監督者	×	×	○

4％の企業が支給しています（表3）。

それなのにこんど創設する「高度プロフェッショナル」の労働者は、深夜の割増賃金も含めてすべて適用除外になります（「高度プロフェッショナル」と他の労働者の違いは表4のとおり）。

これだと日常の仕事のなかでとんでもないことが起こります。たとえば上司の部長や課長と「高度プロフェッショナル」の労働者が夜10時過ぎまでいっしょに働いたとします。このときに上司には深夜の割増賃金が払われます。しかし、その下の地位にある「高度プロフェッショナル」は適用除外だから出ません。こんな信じられない状態になるということです。

　こういう制度は当然ですが世界のどこにもありません。欠陥があろうとなかろうと、いやむしろそれを承知のうえで、とにかく制度をつくってしまえという乱暴このうえないやり方なのです。

このことは重要なので少し立ち入ってみたいと思います。

現在、日本では深夜勤務の割増賃金を含めて労働時間規制が完全に適用除外になっている労働者は、管理監督者を含めて存在しません。それを管理職でもない労働者にいきなり導入しようとするやり方なので、つじつまが合わなくなるのです。

似たような制度に裁量労働制という「みなし労働時間制度」があります。

あとで詳しくふれますが、これは仕事の段取りを自分の裁量で決められる労働者について、実際に働いた時間ではなく労使協定で合意された時間だけ働いたと「みなす」制度です。仮に労使合意が8時間であれば、労働者が10時間働いても8時間とみなされて2時間分の残業代が払われないという、労働者にとっては不合理な制度です。仕事をさっさと片づければ6時間でも7時間でも帰れるから帳尻が合うというのですが、仕事の量が多すぎて早く帰ることなどできません。

財界の要求でこんな変な制度をつくったわけですが、これはあくまでも「みなす」という制度であって「適用除外」ではありません。これで残業代を払わずにすんでも、休日、深夜勤務は割増賃金を払わなければなりません。休日や深夜勤務も含めて「適用除外」にするためにはよほど明確な理由による法改正が必要なので、こういう「みなし」というやり方で残業代の切り崩しをはかっているわけです。

深夜の割増賃金の適用を外すことがいかに難しいかを示すエピソードがあります。

2013年5月9日、政府の規制改革会議雇用ワーキング・グループの会合で裁量労働制の深夜の割増賃金問題が議論されました。このときに厚生労働省労働基準局の課長が質問に答えて、次のようにのべたことです。

「深夜は結局、体がきつい。体温が下がり、メラトニンが分泌され、人間として必要な休息を得る時間でありますので、これは管理監督者の方であっても深夜働かれたら深夜割増がかかるというのが、日本の労働者の健康を守る立場からのベースになっている考え方である」

こう答えざるを得なかったのです。深夜勤務だけは一般労働者はもちろんのこと、管理監督者であっても健康を守るという立場から規制の対象外にはしていません。裁量労働制であれ、フレックスタイム制であれ、どんな制度の働き方であっても、深夜勤務に対しては割増賃金を支払わなければなりません。

労働基準法のなかで「適用除外」の条項は一般労働者にあまり関係しないこともあって、それほど注目されていませんが、とても重要な原則を示していると私は思います。

そこに風穴をあけ、労働時間制度を空洞化させようというのが、今回の法案がめざしている方向。法案が成立すると、すぐにまた財界が騒ぎ出すに違いありません。「管理職になっていない労働者の深夜の割増賃金は出さなくてもよくなったのに、管理職はいままでどおり出すという法律はおかしい。納得できない。直ちに変えるのが当然でしょう」と。

その証拠に、経団連は、2005年6月に「ホワイトカラーエグゼンプションに関する提言」を出したとき、管理監督者は労働時間規制の適用を除外されているのに、深夜の割増賃金の支払いを義務づけているのは「真の意味における労働時間の適用除外とはなっていない」と現行制度を攻撃し、早急に法改正をおこなうべきであると主張していました。

今回の法案を突破口にして次から次へと適用除外の範囲を押し広げていく動きに出てくることは目にみえています。

■年収1000万円超は歯止めか

「残業代ゼロ」制度は、正式名称は「特定高度専門業務・成果型労働制（高度プロフェッショナル制度）」ですが、これまでにいろんな名前が出ては消え、変転をかさねてきました。

経団連が2005年に出した「提言」では、「アメリカのホワイトカラーエグゼンプション制度に近い制度」という言い方で、とくに日本名はありませんでした。第1次安倍政権が2007年に出そうとしたのは「自己管理型労働制」という名前でした。これが「残業代ゼロ法案」「過労死促進法案」と悪評で、国会提出をあきらめたほど。安倍首相の退陣後に労働大臣になった舛添要一氏（現東京都知事）が「家族団らん法案というべきだった」と語ったのは有名です。

今回の政府の議論では「日本型新裁量労働制」などとさまざまにいわれてきました。日経新聞や読売新聞は「脱時間給制度」と名付けて報道しています。「残業代ゼロ法案」「過労死促進法案」という国民の批判が頭にあるので、何とか方向を変えたいと知恵をしぼっているのです。

経団連の２０１６年版「経営労働政策特別委員会報告」は、思わずのけぞるような名前をつけています。「高年収保障型成果給実現法案」と呼べるものだと書いています。漢字だけ13文字のガチガチに固い名前。「残業代ゼロ」法案と勝負できるとはとても思えませんが、意図は真っすぐで分かりやすい。〝「残業代ゼロ」で収入が減ると考えるのは誤解で、実は高年収を保障する法案なのです〟といいたいのでしょう。

安倍首相や法案賛成派の学者などもさかんに「残業代ゼロ制度ではない。誤解だ」と主張しています。しかし労働時間規制を適用除外にするというのは、残業代を出さないということです。誤解だといいはって、どんな名前をつけようと、正体は「残業代ゼロ」制度です。

安倍首相は２０１５年2月の衆院審議で、日本共産党の志位和夫委員長の質問にたいして「かつてのホワイトカラー・エグゼンプションとはまったく今度は別物」と答弁しました。こういう説明です。

「まさに、高度なプロフェッショナルな方々を対象としています。管理職でもないにもかかわらず、1075万円とか、かなりの、これはいわば能力がないとそういう収入を得ることは難しいと思います。そこでかなり限られてくる」

能力があって給料が高いごく一部の「高度プロフェッショナル」に限って導入するハードルの高いものだから、能力の低い安月給の一般労働者は心配に及ばないよと聞こえてしまいます。一般労働者の年収の3倍、1075万円と法律に明記して一般労働者に広がらないようにする、そういう「別物」だから安心してくれというわけです。

法律に年収要件を一般労働者の3倍超と書き、1075万円を省令で定めるというのは、たしかに2007年の「自己管理型労働制」とは違う、今回の特徴です（今回と07年時の違いは表5のとおり）。07年のときは「年収が相当程度高い者」というだけでした。これではあまりにも漠然すぎるので、法案要綱に「注」をつけて、管理監督者の平均的な年収水準を勘案して「適切な水準を検討した上で厚生労働省令で定める」としていました。

あまりに抽象的で、ここに国民の批判が集中しました。自民党内からも「あいまいすぎる」という批判が噴出。厚生労働省はあわてて「年収900万円」という数字をあげて自民党内の説得にあたりましたが、その額を省令で定めるとした法案要綱を変えるまでにいたりませんでした。このため自民党内は「これでは国民が納得しない」という批判が大勢になってしまい、安倍首相

表5 「残業代ゼロ」制度どこが違う

	2007年	今　回
名　前	自己管理型労働制	特定高度専門業務・成果型労働制（高度プロフェッショナル制度）
年　収	・年収が相当程度高い者（法文） ・900万円（省令）	・労働者の年間平均給与の「3倍の額を相当程度上回る水準」（法文） ・1075万円（省令）
適用除外	労働時間、休憩、休日及び深夜の割増賃金についての規定は適用しない	同
対象者の範囲	・労働時間では成果を評価できない業務に従事する者 ・業務上の重要な権限及び責任を相当程度伴う地位にある者 ・業務遂行の手段及び時間配分の決定等に関し、使用者が具体的な指示をしないこととする者	・高度の専門的知識等を必要 ・従事した時間と成果との関連性が高くない業務（省令で定める）
健康確保措置	4週間を通じて4日以上かつ1年間を通じて週休2日分の日数（104日）以上の休日を確保。確保しなかった場合には罰則。	3つの選択肢から1つ選択 ①24時間のうちに一定の休息時間を与える。深夜業は一定の回数を定める（省令） ②1カ月または3カ月について「健康管理時間」の上限を定める（省令） ③4週間を通じて4日以上かつ1年間を通じ104日以上の休日を与える（罰則なし）
健康管理	週40時間を超える在社時間等がおおむね月80時間程度を超えた労働者から申出があった場合に医師の面接指導（指針）	労働者が「事業場内にいた時間」と「事業場外において労働した時間」との合計時間（「健康管理時間」という）を把握し、省令で定める措置を講ずる。
改善命令	行政官庁が必要があると認めたときに、使用者に改善命令を出すことができる。従わなかった場合には罰則	なし

も「国民の理解が得られていない」とのべて法案提出を断念せざるをえませんでした。

今回、年収を法律に書き込むとしたのは、前回の失敗があるからです。では、年収額を法律に書けば大丈夫でしょうか。絶対に引き下げられることはないといえるのでしょうか。実際は、こういう主張ほど当てにならないものはありません。安倍首相や塩崎恭久《やすひさ》厚生労働大臣がどんな約束をしても、当人たちはいつまでも首相や大臣でいられるわけではありません。

さらにいうと、安倍首相は、下がる可能性を否定していません。2014年6月16日衆議院決算行政監視委員会で民主党の山井和則《かずのり》議員が「5年後も10年後も1000万円から下がらないということでよろしいですか」と質問したことに、次のように答えています。

「経済というのは生き物ですから、将来の全体の賃金水準、そして物価水準というのは、これはなかなかわからないわけですよ。

そこで例えば年金においても、安定的な制度とするために、年金額も、物価が下がっていけば、物価スライドでこれは下がっていくじゃないですか」

首相でも先のことはわかりませんから、こういう答弁にならざるをえません。「絶対に変えることはありません」という答弁が仮にあったとしても、それはなんの担保もない空約束であって、そういときこそ危ないと見なければなりません。

導入するときはきびしい要件をつけて法律を通し、その後、要件が簡単に見直されて悪くなり、国民に大被害をもたらしている例はいっぱいあります。

労働者派遣はその典型です。労働者をよその企業に貸し出して利益を得るいわゆる「人貸し業」といわれた戦前の非人間的な雇用形態は、戦後につくられた職業安定法によって禁止されました。その「人貸し業」を復活させるものだという世論の批判のなかで、労働者派遣法が1985年に国会で成立します。

このときは「常用雇用の代替にしない」という立場から、派遣が可能な業務をソフトウェア開発、事務用機器操作、通訳、秘書など13業務に制限しました。ところが翌1986年7月に施行されたとたんに、経済界から指定業務拡大の要求がつよまり、早くもこの年の10月に機械設計など3業務を追加し、16業務に広げる法改定がおこなわれました。

そして1996年に26業務に拡大。さらに1999年には、これまで派遣が可能な業務を指定して認可するやり方を転換し、港湾運送、建設、警備、医療、製造業を除いて「原則自由化」（3年の期間制限）するという大改悪が強行されました。しかも業務拡大はそこで止まらず、ついに2003年には製造業務にまで広げられました（2004年3月1日施行）。

さらにこんどは「業務拡大」方式から「人を替える」方式にします。2015年の国会で国民の反対の声を無視して、3年で人を替えれば企業が自由に恒久的に派遣を利用できるようにする改悪をおこないました。雇われている会社から別の会社に派遣されて働くという不安定な働き方が急激に広がる心配が強まっています。

消費税は、最初に導入されたときは3％でした。それが5％になり8％になり、「来年は10％にする」と安倍首相は宣言しています。

「高度プロフェッショナル制度」についても、法案が通ったあと、やろうと思えばいつでも改定法案を出して、年収要件を変えることができます。法律で一般労働者の「3倍」と定めている年収額を「2倍」と改めれば、一気に600万円台になります。

政府の産業競争力会議のメンバーでもある竹中平蔵《へいぞう》パソナ会長（慶応大学教授）は「小さく産んで大きく育てる」とあけすけに語っています。

■制度づくりの議論を仕切った財界人

経団連は、2005年に出した「ホワイトカラーエグゼンプションに関する提言」で、年収400万円以上の全労働者を適用除外にすることを主張していました。モデルにしていたアメリカの「ホワイトカラー・エグゼンプション」の収入要件は「週給455ドル」（1ドル＝112円で換算すると5万960円）です。収入要件が非常に低いので労働者全体の20％を超える高い導入率です。

今回、安倍政権の「日本再興戦略（改訂２０１４）」にこの制度の導入を盛り込むための議論の中心舞台になったのが産業競争力会議です。ここで議員として重要な役割を果たしたのが当時の

表6　財界人がズラリ「産業競争力会議」発足時のメンバー

（2013年1月）

役　職	氏　名	現　職
議　長	安倍　晋三	内閣総理大臣
議長代理	麻生　太郎	副総理
副議長	甘利　　明	経済再生担当大臣兼内閣府特命担当大臣
同	菅　　義偉	内閣官房長官
同	茂木　敏充	経済産業大臣
議　員	山本　一太	内閣府特命担当大臣
同	稲田　朋美	内閣府特命担当大臣
同	秋山　咲恵	サキコーポレーション社長
同	岡　　素之	住友商事相談役
同	榊原　定征	東レ会長
同	坂根　正弘	コマツ会長
同	佐藤　康博	みずほフィナンシャルグループ社長
同	竹中　平蔵	慶應義塾大学教授
同	新浪　剛史	ローソン社長CEO
同	橋本　和仁	東京大学大学院教授
同	長谷川閑史	武田薬品工業社長
同	三木谷浩史	楽天会長兼社長

長谷川閑史《やすちか》経済同友会代表幹事（武田薬品工業社長）と榊原定征《さかきばらさだゆき》経団連会長（当時は東レ会長）です。文字どおり、2つの財界団体のトップを先頭に財界あげての「残業代ゼロ」制度づくりといえるものでした。

産業競争力会議は2013年1月に発足しました（発足時のメンバーは表6のとおり）。この年の12月10日。産業競争力会議の雇用・人材分科会で、主査の長谷川閑史氏が「日本型新裁量労働制」なるものの創設を提起。「企業の競争力強化の観点」から「専門性の高い自己管理型の職種で、例えば、年収1000万円を超えるような企業との交渉力も大きい高所得専門職」について、労働時間規制の適用を除外する制度を、「国家戦略特区」などで先行実施するというものでした。

このときに衝撃的な議論がありました。厚生労働省はこの会議に次のような資料を提出したのです。

「割増賃金の適用を除外し、労働時間規制も外すことについては、『自己管理型労働制』（「日本版ホワイトカラー・エグゼンプション」）が、前回労働基準法改正時に、国民の理解を得られず、法案化が見送られた経緯があることを踏まえた対応が必要」

つまり、2007年に導入しようとして失敗し、痛い目にあったので厚生労働省としてはやりたくないという尻込み姿勢が読み取れる文章です。

この記述にかみついたのが榊原氏です。

「いわゆる日本版ホワイトカラー・エグゼンプションについては、国民の理解が得られず、法案化が見送られた経緯があることを踏まえた対応が必要と記載されている。そのとおりだと思うが、過度に見直しに慎重にならないように検討していただきたい」

これに分科会メンバーの八代尚宏《やしろなおひろ》国際基督教大学客員教授が「説明の仕方があまりにも稚拙《ちせつ》だった。厚労省のやり方が反発をうけた」と同調し、竹中平蔵慶応大学教授が「総理主導で議論しなければならない」と応じて、財界主導の流れがつくられました。

このような議論を経て、２０１４年４月22日の経済財政諮問会議・産業競争力会議合同会議で、会議の議長である安倍首相が「時間ではなく成果で評価される働き方にふさわしい新たな労働時間制度の仕組みを検討していただきたい」と指示しました。そして長谷川氏が私案を提出しました。それに真っ先に賛意を示したのが榊原氏です。

「新たな労働時間制度は通常の労働時間管理になじまない労働者に限定して、労働時間などの適用除外の道を開くものであり、現状のフレックス制度、あるいは裁量労働制では対応できない、企業と社員双方のニーズに合致した制度である。経団連もかねてより要望してきたところであり、是非実現をしていただきたい。熾烈《しれつ》な国際競争の中で、日本企業の競争力を確保・向上させるためには、労働時間規制の適用除外は必要不可欠である」

榊原氏はこのあとの同年5月28日の産業競争力会議課題別会合でこんな発言もしています。

「現行の裁量労働制では、深夜労働の割増賃金が適用され、制度上時間外の割増賃金規制も残っているため、たとえ同じ仕事であっても効率的に短時間で働いた労働者よりも、残業手当をもらう関係で、長い時間をかけた労働者の方が所得が高くなるといった問題がある。公平で透明性の高い賃金、処遇制度の実現という意味でも問題があると考えている」

同年6月10日の産業競争力会議では、「新しい労働時間制度の創出は不可欠である。対象者がごく一部の専門職、数千人規模とも言われているが、そういった規模に限定されては全く意味がない。企業の研究者、技術者、あるいは営業企画等の専門職を始めとした創造的で効率的な働き方をする人を幅広く対象に含める形での制度改革を求めたい」と主張するに至りました。

同月16日の会議では「日本再興戦略」の改訂素案が示され、このなかに「新しい労働時間制度」の導入が盛り込まれたのです。産業競争力会議が発足してから1年半にして、経団連、経済同友会の要求がここに実を結びました。会議で榊原氏は喜びを隠さず、ダメ押しをするように

「新しい労働時間制度が導入されることは大きな前進であり、評価したい。今後より多くの職種の方が対象となるように、重ねてお願いをしたい」とのべています。

「日本再興戦略」（改訂2014）は同月24日の会議で最終決定し、同日に閣議決定されました。次のように記述しています。

「時間ではなく成果で評価される働き方を希望する働き手のニーズに応えるため、一定の年収要件（例えば少なくとも年収1000万円以上）を満たし、職務の範囲が明確で高度な職業能力を有する労働者を対象として、健康確保や仕事と生活の調和を図りつつ、労働時間の長さと賃金のリンクを切り離した『新たな労働時間制度』を創設することとし、労働政策審議会で検討し、結論を得た上で、次期通常国会を目途に所要の法的措置を講ずる」

「新たな労働時間制度」はこのあと14年9月から厚生労働大臣の諮問機関であり、政労使3者で構成する労働政策審議会（労政審）での検討に移ります。しかし、内容をここまで固めて閣議決定までしたものを、労政審がひっくり返せるわけがありません。ほとんど形式的な手続きといってもいいものでした。

15年1月16日の労政審の会議に、初めて「特定高度専門業務・成果型労働制（高度プロフェッショナル労働制）」という名前をつけた報告骨子案が提案されました。年収要件を「1075万円」とする数字はこの報告の中でした。

労働者側の委員がそろって猛反対したにもかかわらず報告がまとめられ、労働基準法を改定する法案要綱がつくられて、4月3日に国会に提出されました。法案は財界主導でつくられたということが、この経過を見れば誰でも分かるでしょう。

■法案提出早々、早くも要件引き下げへ

法案が国会に提出された直後の15年4月6日、経団連の榊原会長は記者会見で「制度が適用される範囲をできるだけ広げてほしい。年収要件を緩和して、対象職種も広げないといけない」とのべました。経団連トップが早くも年収引き下げ、要件緩和を要求したとして新聞、テレビで大きく扱われ、波紋を広げました。

その直後の20日。財政・経済問題の調査研究機関である日本経済研究センターが開いた会合に塩崎厚労相が出席し、会員の会社社長らに向かってこんな発言をしました。

「経団連がさっそく1075万円を下げるんだといったもんだから、まあ、あれでまた質問が無茶苦茶来ましたよ。ですから皆さん、それはちょっとぐっと我慢していただいてですね、まあとりあえず通すことだと言って、合意してくれると大変ありがたい」

大企業の社長がたくさん集まっているところに大臣がわざわざ出向いて、こんな発言をするというのは、経団連が４００万円という低い導入要件を出して国民の批判をあびた07年の失敗の体験があるからでしょうか。塩崎氏は、07年当時の官房長官でしたから、悪夢がよみがえったのかもしれません。

法案成立まではあんまり先のことを口にして騒がないでほしい、とにかく「我慢してまずは通すことだ」と、これ以上広がらないように、打ち消しに駆けつけたというのが真相のように見えます。

経団連は、国会に法案が出たとたんに早くも年収引き下げ、対象要件緩和を言いたて、大臣が「いまは我慢」と、口封じに大わらわ。要件を下げるというのは、将来の可能性であるとか、先のことはわからないどころの話ではありません。政府が打ち消しに躍起になるほど、もう財界側の大合唱がおこっているのです。

法律が通ったあと、だんだん要件を下げていくやり方は、労働者派遣法で見たように常套手段であることは間違いありませんが、その危険はもう目の前に見えています。

安倍首相も、塩崎厚労相も、「残業代ゼロ法案」という批判の高まりを避けようとして、前の法案とは「別物」で、ごく一部の「高度プロフェッショナル」に限って適用されるものだと言い抜けようとしています。その理由にしている肝心の「年収１０７５万円」の歯止め要件は、法案が通ったあとすぐにでも引き下げられそうな怪しい雲行きになっています。

もしも「高度プロフェッショナル」という名前にまどわされて、「自分は高度専門職じゃない」「年収1000万円以上の人の話でしょ」などとよそ事のように考えていたら、とんでもないことになりかねません。

■めざすは年収700万円よりもっと下

経団連の榊原定征会長は「高度プロフェッショナル」制度について「労働者の10％に導入したい」と繰り返し語っていました。いま年収1000万円以上の労働者はどれだけいるのでしょうか。総務省の「就業構造基本調査」（2012年）によると、役員（社長や取締役など）を除いて1134万0000人です。全労働者の2・1％です。

「高度プロフェッショナル」は、たびたびのべたように、管理職になる一歩手前の「高度専門職」ということになっています。113万人のうち、どのくらい対象になるのでしょうか。まず、この調査の「年収1000万円以上」の多くは課長以上と思われますし、「高度専門職」といえない人も多いでしょう。

そうすると導入要件を満たす労働者はごく一部に限られてきます。榊原会長が「ごく一部、数千人規模といわれている」といい、「これでは意味がない」といった苛立ちがよくわかります。

総務省の調査は「年収１０００万円以上」の人をパート、アルバイトなど非正規雇用の人を含む全労働者の２・１％としていますが、内訳をみるとすべて正社員です。非正規雇用の人は１人もいません。やはり１０００万円という年収を得られるのは正規雇用ということです。

労働者総数は約５３５３万人で、そのうちの正規雇用は３３１１万人（役員を除いて全労働者の61・８％）です。年収１０００万円以上の約１１３万人を正規雇用の労働者だけの比率でみると３・４％ということになります。

経団連がめざしている10％への導入ということは、単純にいうと正規雇用の労働者一割に当たる３３１万人ということになります。総務省のデータでは、年収で「７００万円〜９９９万円以下」の労働者が３５９万人です。

「高度プロフェッショナル」とは、管理職の一歩手前とか高度専門職とかの高い要件に見えますが、経団連がめざす10％への導入ということになると、年収７００万円を下回るところまで要件を引き下げてもまだ届きません。

こうなると、労働者全体にかかわる大問題であることがわかるでしょう。

■年収が高いと交渉力があるのか

労働者の年収が１０００万円超なら、なぜ労働時間を適用除外にしてもいいのか？　安倍首相も塩崎厚労相も、まともな根拠を示すことができません。根拠が明確でないということは、後になって、そのときの都合でどうにでも変えられるということにほかなりません。

「根拠は何か」といわれると、安倍首相や塩崎厚労相は「年収が高いと、労働条件についての高い交渉力がある（経営陣に対して労働条件を良くする交渉力があるという意味）」といいます。はたして年収が高いと高い交渉力があるのでしょうか？　これは経営者と労働者の関係がわかっていない議論といわざるをえません。

高い年収であっても「高度プロフェッショナル」制度の対象者は、管理職ではなく、課長になる一歩手前の専門職です。管理職の指揮命令に従って、高い業務目標をかかげて働く立場にある労働者です。労働条件について「高い交渉力」があるといえるような資格は何もありません。

逆に課長になっていないのに１０００万円を超える年収がある労働者だったら、「給料が高いんだから文句をいわずにもっと働け」といわれてもしかたがない弱い立場だとさえいえます。

これは例えば日本ＩＢＭでいまおこっている「ロックアウト解雇」が象徴的です。

高度な専門知識をもっている労働者を「成果主義」による5段階の相対評価でランク付けして賃金を決めるやり方は、企業が一般的にとっている方法ですが、その場合、最低ランクの比率は5％から多くて10％です。ところが日本ＩＢＭでは、最低ランクを15％という高い比率にして、ここに労働者を押し込めて大幅に賃金を引き下げ、そのあげくに「成績が劣っている」と根拠を示さずにいきなり解雇する異常な事態がおこっています。ＪＭＩＴＵ（日本金属製造情報通信労

会見するＪＭＩＴＵ日本アイビーエム支部の組合員ら（2016年２月18日、厚労省。写真は「しんぶん赤旗」）

働組合）の組合員が集団提訴してたたかっています。２０１６年3月28日に東京地裁が第1次、２次の集団提訴について、相対評価による低評価を理由にした解雇は認められないという判決を出しました。

年収が高ければ企業との交渉力が高まるという考えは、労働行政の基本からも逸脱しています。厚生労働省労働基準局が出している最新の『労働基準法　平成22年版』（上下、労務行政、２０１１年刊）を読んでみると、労働者と使用者との関係を対等と考えて「契約自由の原則」にゆだねたら「労働者の生存そのものを脅かすほどに不公正な結果をもたらす」ことになることは産業革命以降の歴史によって明らかになっていると序論の冒頭で書いています。そのうえで次のようにのべています。

「労働者はその経済的な力の弱さゆえに、自己の好まざる使用者に、自己の意に満たない条件で雇われざるを得ず、結果として、著しく低劣な労働条件で働く

ことを合法的に強制されることになったのである」（上、17ページ）

労働者は、雇い主から雇われて賃金をえて生活する弱い立場であり、雇い主に対して強い支配と従属の関係にあり、雇い主から理不尽な労働を求められても大抵は断れません。このため「著しく低劣な労働条件」で働かされることがないように、人たる生活ができる最低の労働基準を法で定めたのが労働基準法だという説明です。賃金の高い労働者は経営者と交渉力があるというような論理はどこにもありません。

なお、この本が最初に刊行されたのは1958年ですが、このとらえ方は、その後12回の改訂をおこなっても一貫して変更されていません（最初の版では、文章表現が古めかしいですが、内容はまったく同じです）。

厚生労働省は、財界の圧力に負けて、この立場を投げ捨ててしまったようです。しかし過去には、財界主導による労働分野の規制緩和要求に対して、真っ当な反論をしていたことがある事実をあげておきます。

２００７年12月のことです。財界人を中心にした政府の規制改革会議（議長・草刈隆郎《たかお》日本郵船会長）が、日本の労働法制は労働者保護が強すぎるといい、解雇自由化、派遣労働の規制緩和、労働時間の規制緩和などを求める答申を出しました。これに対し、厚労省は答申の３日後の12月

28日に、次のような「反論」を出しました。

「一般に労働市場において、使用従属関係にある労働者と使用者との交渉力は不均衡であり、また労働者は使用者から支払われる賃金によって生計を立てていることから、労働関係の問題を契約自由の原則にゆだねれば、劣悪な労働条件や頻繁な失業が発生し、労働者の健康や生活の安定を確保することが困難になることは歴史的事実である」

「契約内容を当事者たる労働者と使用者の『自由な意思』のみにゆだねることは適切でなく、一定の規制を行うこと自体は労働市場の基本的性格から必要不可欠である」

この反論見解の核心は、労働者と使用者の交渉力は「対等」ではなく「不均衡」、つまり従属関係にあると明確にのべていることです。こう言って、一定の規制をすることは「必要不可欠である」と結論づけています。政府の諮問機関の答申に、役所が記者クラブに文書を配って異を唱えるというのはまさに異例のことでした。労働行政の基本中の基本だったからでしょう。

賃金が高くなるにつれて「交渉力」が高まるというのは、まったく非科学的であり、まして年収が１０７５万円になったら対等の交渉力がもてるなどという議論は論外です。

■「労働時間」が消え、健康守る保障なし

すでにのべたように、「高度プロフェッショナル」になる労働者は、労働時間規制が適用されないので、どんなに長く働いても労働時間というものが当てはまらない存在になります。この点がこの制度の恐ろしいところです。

労働基準法の労働時間規定は、長時間働いて健康をそこなうことがないように制限している「生命・健康確保規定」と呼べるものです。制限を超えて労働者を働かせる場合は、割増賃金を払わせるなどのペナルティーを経営者に科します。これに違反した経営者は、6カ月以下の懲役または30万円以下の罰金が科せられています。犯罪なのです。

それが適用除外になるということは、労働者の生命・健康を守る歯止めが外されるということです。労働者は、長時間労働から自分の身を守るよりどころを失ってしまいます。一方、経営者は、労働時間を管理する責任がなくなります。労働者が働きすぎて体をこわして働けなくなったり、「過労死」することがあっても、労働者の自己管理が悪かった、自己責任だと言い抜けることができるようになってしまいます。

「高度プロフェッショナル制度」がほんとに恐ろしい「過労死促進法案」といわれるのはこのためです。労働時間規制の適用除外などという制度は絶対にあってはならないものです。

労働時間制度の適用除外が健康確保対策の除外とイコールの関係にあるために、第一次安倍政権はこの壁を崩すことができずに法案提出を断念せざるをえませんでした。そこから学んだのでしょう。今回の制度について安倍首相や塩崎厚労相が語るとき、まずは声高に健康管理重視を口にします。「健康確保が大前提である」「健康管理に十分留意する」「必ず休日を与える」などと、万全な健康管理措置をとると必ず言います。

たしかに法案には「健康管理措置」をいろいろ書いています。しかし何度も言いますが、労働時間規制をはずして健康を守ることはできないのです。ですから「万全な健康管理」と言っても中身がともなわず、何を言っているのか訳が分からない内容になっています。

法案には「健康管理時間」という聞いたことがない新しい用語が出てきます。前の「残業代ゼロ法案」にはなかった言葉です。

「高度プロフェッショナル」は働いた時間ではなく成果で評価するという建前の制度ですから、労働時間がまったく適用されません。労働時間という概念がなくなります。労働時間という言い方をすれば、企業に把握義務が発生し残業代の支払い義務が発生するから言わないということでしょう。

では労働時間を把握しないでどうやって健康確保の対策をとるのでしょうか。苦心の知恵をしぼって生みだしたのが「健康管理時間」です。労働時間ではなく「健康管理時間」を把握して健康をしっかり守るという組み立てになっています。

「健康管理時間」というのはどういうものか、まったくの新語なので、当然ながら労働関係の法律、公文書のどこにも出てきません。厚生労働省に問い合わせると「新しい概念だ」といいます。つまり「残業代ゼロ」制度をつくるために厚生労働省が考えた造語です。

法案によると、「健康管理時間」とは、労働者が「事業場内にいた時間」と「事業場外において労働した時間」を合計した時間だと書いています。これをタイムカードなどで把握するというのです。はて、それならいま普通に使われている労働時間と何が違うのか。誰もが思う疑問です。ほとんど同じではないでしょうか。違うのは、事業場内の時間が「いた」となっていて、「働いた」ではないことです。つまり会社にいた時間は、労働時間ではなく「在社時間」として扱うということです。どんなに遅くまで会社に居残って働いても、それは「会社にいた」時間に過ぎないということです。場外の場合は、「労働した」と見極められる仕事に費やした時間を「健康管理時間」にカウントするということでしょうが、基準はありません。

企業は、労働者が何時間働いたかを把握する義務がなくなり、把握するのは「会社にいた時間」ということになります。労働者がどんな遅くまで働いていても、会社は「労働時間」とは見てくれません。したがって労働者が「労働時間が長すぎる。このままでは過労死する」と会社に抗議しても、「あなたは労働時間が適用されていない」と言われ、交渉の前提がなくなるのです。

こうして、これまで労働時間といっていたものを「健康管理時間」と言い換えるトリックで、健康対策をとるというわけです。これが労働者の健康確保に万全を期すと言っている対策の中心です。

そして法案は「健康管理時間」を把握して健康確保措置をとるとしています。その中身が大問題です。企業が３つの選択肢を労働者に示して、そのうちのどれか１つを選ばせると言います。

①始業から24時間のうちに省令で定める時間以上の休息時間を確保し、深夜業を省令で定める回数以内とする。

②健康管理時間を１カ月または３カ月について、それぞれ省令で定める時間の範囲内にする。

③１年間を通じ１０４日以上、かつ、４週間を通じ４日以上の休日を確保する。

この全部ではなく、どれか１つ選ぶのです。①はＥＵ（欧州連合）が実施しているような勤務間の「休息時間」を定めることです。ＥＵは11時間です。②は、時間の上限を定めることです。このいずれも法案が成立した後に省令で定めることになっているので、どういう設定になるかは現時点ではわかりません。

このなかでは、③を選択する可能性が高いと予想されています。企業は、労働時間（ここでは「健康管理時間」といいます）の上限を定める働かせ方を嫌うので、①と②をさけて、時間での制限がない③を労働者に押し付けるのではないかとみられています。

年間１０４日の休日を確保するということは、週休２日だけで働くという計算です。あとの２

61日は、お盆、正月、国民の祝日（15日）も休まず働くということになります。待遇が劣悪な「ブラック企業」という評判の「ワタミ」でも、社員募集要項で年間休日が「107日」、「ユニクロ」は「120日以上」となっています。

「高度プロフェッショナル」はそれよりひどい悲惨な働き方になるということです。こんな少ない休日で毎日、いっさいの時間制限なしで働くことが健康確保措置だというのは、あきればかりです。政府や財界の考えは、まともに休日がとれずに働いているホワイトカラー労働者の現実からみれば、確実に104日の休日を保障するのは健康確保措置として有効だということなのでしょう。

この選択肢の③については、企業側の立場といえる研究所からさえ異論が出されています。それは「みずほ総合研究所」が15年2月に出した「検討進む労働時間制度改革」という研究員リポート。そこでは③の選択肢を削除すべきだと主張しています。「休日以外の日について労働時間に物理的な上限がない状況となるため、恒常的に過重労働をさせることが可能（になってしまう）」というのが理由です。

どんなに健康を重視するといっても、その唯一で肝心要の保障措置である労働時間規定の適用を外して、健康を確保することはできないのです。法案の健康確保措置のでたらめさがそれを示しています。

■消えた違反企業への罰則規定

今回の法案で、消えるのは労働時間規制だけではありません。第1次の安倍政権での「自己管理型労働制」のときにも、健康対策として今回のように年間１０４日以上の休日を確保することを盛り込んでいました。そのうえで「確保しなかった場合には罰則を付す」としていました。守らなかったら罰をうけるという規定だったのです。

ところが今回の「高度プロフェッショナル制度」は、この休日確保を3つの選択肢の1つにして、しかも罰則規定が消えてなくなっています。どこにも罰則規定がないのかと調べてみると、労働基準法といっしょに改定する労働安全衛生法にありました。新たに省令で設定する「健康管理時間」を超えて働いた労働者に医師の面接指導を受けさせることとし、これに違反した企業に罰則を科すというのです。

休日の確保をおこたったときの罰則はなくなり、医師への面接指導をおこたったときに罰則をつける。医師の面接指導をしたかどうかはごまかしがききます。ごまかしがきかない休日確保の罰則をはずすやり方に、労働者の健康を守る措置をどんどん弱めていく企業寄りの姿勢が読み取れます。

同時に「自己管理型労働制」のときは、行政官庁が改善の必要を認めたとき、企業にたいして改善命令を出すことができるとし、「従わなかった場合には罰則を付す」としていました。今回の法案では、改善命令そのものがなくなっています。驚くばかりです。

■「成果で評価する」本音は、残業代ゼロ！

「高度プロフェッショナル制度」は「時間ではなく成果で評価される新しい働き方」だと政府や財界はいっています。企業がグローバル競争に勝ち抜くためには、時間にしばられずに成果で報われる働き方にする必要がある、労働者も望んでいる、という理屈です。

この主張は、労働時間規制を適用除外にする理由として成り立つのでしょうか。「成果で評価される働き方」は、実際に健康が守られる条件（労働時間の上限設定）のもとで、仕事がちゃんと公平に評価されて賃金に反映されるのなら労働者に文句はないでしょう。

同時に、成果で評価する制度をつくるかどうか、どんなやり方にするかは、企業が自主的に考えることであって、政府が口出しすることでもなければ、法律で定めることでもありません。ましてや「成果で評価される働き方」にするからといって労働時間規制の適用除外制度をつくる必要性はどこにもありません。

先に指摘したように、労働基準法の労働時間条項は、労働者の健康を守るために最低これだけはと定めた規定であって、労働者の仕事の評価や賃金の決め方とはまったく別次元のことです。関係ありません。

企業が労働者に賃金を支払う際に、労働時間を考慮するか、成果に重きを置いた制度にするかは企業の勝手であり、法律による制限はなにもありません。しいていえば最低賃金法4条で、生活ができないような低賃金をなくすために、法で定める最低賃金額に達しない賃金は無効とするという規定があるくらいです。

成果で評価するいわゆる成果主義は、1993年に電機大手メーカーの富士通が幹部社員に導入したのが日本の最初といわれています。しかし懸命に働いてもまともに評価されず、「頑張っても報われない」と労働者から不評をかって取りやめになったことで知られています。

いま成果主義を導入している企業は、全体で5割を超えています。大企業（労働者1000人以上）の場合は8割を超えて広がり、成果で評価するシステムがない企業を探すのが困難なほどです。「時間ではなく成果で評価する」という働き方は、安倍首相が強調する「新しい労働制度」ではないし、ましてや政府がこれから法律を構えて促進するというような関連性はまったくありません。

法案にも「成果で評価する」という働き方を企業に義務づけるような記述はありません。つまり、この法律が通ったからといって、いま日本に多い年齢や勤続年数による年功型の賃金制度をとっている企業は、制度を成果で評価するものに改める必要があるのかといえば、まったくありません。成果に関係なく、年功型で労働時間に重きを置いた賃金制度のままでも企業の自由ですし、違法だととがめられることもありません。

法改定の目的は、労働時間規制の適用を除外し、8時間を超えて働いても残業代を出さなくてもいいことにする、そういう制度をつくるということだけです。つまり残業代の問題です。

企業にとっていま何が問題かといえば、成果で評価する賃金制度をつくったとしても、現在の労働基準法のもとでは労働時間規制条項から逃れることはできないということです。労働時間を把握して健康管理に責任をもち、1日8時間を超えて働かせるために労使の協定〈36〈サブロク〉協定〉を結んで労働基準監督署に届け出て、そして残業したら割増賃金を払わなければなりません。企業にとっては、わずらわしくてたまらないわけです。

利潤を第一にして、その利潤の大小を成果の基準と見なしている社会では長時間労働が避けられません。企業が賃金は「その成果しだい」という評価制度を徹底すればするほど、成果を出すために労働者同士の競い合いが激しくなり労働時間は長くなります。そうなると残業代が増えてコスト高になります。

8時間をこえたら残業代を出すという労働基準法は、企業にとって成果主義を広げる障害物であり、邪魔な存在でしかありません。これが、成果主義が広がるにともなって、財界のなかで「残業代ゼロ」制度への衝動を強めた理由です。

これまで政府は、財界の要求にこたえて残業代を出さずに労働者を働かせる制度をいろいろつくってきました。その典型が裁量労働制です。先にもふれましたが、実労働時間は9時間、10時間でも労使協定で8時間と定めれば、8時間だけ働いたとみなすという制度です。この制度は、海外でどんなに有能な通訳が解説しても理解されないといわれている、世界の常識からはずれた異様な制度です。

大企業はこの裁量労働制と成果主義をセットにして労働者に適用し、残業代を抑えてきました。しかし裁量労働制はあくまでもこれだけ働いたと「みなす」制度であって、労働時間の適用除外制度ではありません。したがって、繰り返しますが、午後10時以降の深夜割増や休日出勤割増は支払わなければならないのです。

労働時間規制から完全に離れて、成果主義で24時間働く制度をつくるのは、労働者のニーズではなく、財界の強い願望です。経団連の05年の「ホワイトカラーエグゼンプションに関する提言」でも、明確に主張していました。

「『みなし労働時間制』は、文字通り一定の時間労働したものと『みなす』ことを目的とした制度であって、労働時間規定の適用を除外するものとはなっていない点に問題がある」「裁量労働制の本来の趣旨から考えても、『みなし労働時間制』ではなく、『労働時間の適用除外』制度を採用することが、制度本来の姿だといえる」

経団連の榊原定征会長が２０１４年４月22日の経済財政諮問会議・産業競争力会議合同会議で、「熾烈《しれつ》な国際競争の中で、日本企業の国際競争力を確保・向上させるために」現行の裁量労働制やフレックス制では対応できないと発言したことを先に紹介しましたが、これは新しい認識ではなく、財界の一貫した主張です。

■成果主義は賃下げ、労働強化の口実

ここで「時間ではなく成果で評価する」という考えがいかに労働者に大被害を与えることになるかをのべておきます。

日本で成果主義が広がる転機になったのは、経団連の前身である日経連（日本経済団体連合会）が1995年に出した「新時代の『日本的経営』」という提言です。このなかで従来の年功制から「能力、成果を中心とする処遇制度」にすることを提唱しています。企業の競争力を強めるために総額人件費を見直し、「成果・業績で上下に格差が拡大する」賃金を志向するといっています。

年功制は、年齢や勤続年数で賃金が右肩上がりに上がっていくシステムで、賃下げが難しい。それを成果で差をつける制度に改めようというのです。「成果で評価する」制度は、賃金の引き下げをともなう賃金抑制制度にほかなりません。実際の運用をみればそれは明らかです。

一般に導入されている成果主義は、だいたい5段階（SABCD）の「相対評価」です。各ランクには割合があって、最高ランクのS（スペシャル）は5％とかになっています。たとえば30

人のプロジェクトチームがあったとします。一致団結して納期までに仕事をやりとげました。全員が長時間残業に耐えてみんなSランクに相当する働きぶりでした。

　しかし人件費の総額は決まっていてSランクになれるのは５％なので１人か２人です。それだけならまだしも最下位のＤランクが10％だとすれば、全員Sランクにふさわしくても必ず３人をここにランク付けしなければなりません。SとＤではボーナスで１００万円の差がつくこともあります。

　きちんと働いて成果を出しても、それが賃金に反映される保障がない。これが成果主義です。みんなSランクの働きぶりであっても、人件費総額が決まっているので、結局は上司のさじ加減で、忙しいときに子どもの誕生日だと早く帰ったことがあるなどの恣意的な評価で各ランクに労働者をはめこむわけです。評価が恣意的なので、当然ながら納得がいく説明はされません。

　その典型例として、トヨタ自動車が２０１６年から技能職（工場労働者）に導入しようとしている「技能発揮給」という成果主義制度を紹介します。６段階評価で、支給額は最高評価が８万５０００円、最低評価が６万円です。１段階当たり５０００円の差です。これを上司が毎月査定し、毎月支給額が増減する仕組みです。

　評価項目が驚きです。「規律性」「協調性」「積極性」「責任制」の４項目ですが、技能を客観的に評価する項目がありません。職場規律を守っているか、協調して働いているかなど、上司の主観による査定で、最高と最低で毎月２万５０００円もの差をつけるわけです。

　このように企業が「成果で評価する」という労働制度を導入するねらいは、何よりもまず賃金の抑制、そして労働者間の競争による労働強化です。

だから「成果で評価される。がんばれば報われると思ったのに、話が違う」「なぜ私の評価はこんなに低いのか」という不満がおこって、見直すとか廃止する企業が相次いでいます。

どんなやり方をしようとも、賃金の総額を抑え込もうという制度では、「成果」を公平に評価するというのは無理なことです。そして上司の恣意的な評価で賃金が下がることになるのが「成果主義」の残酷で恐ろしいところです。

労働者が賃金を下げられて抗議しても「あなたは他の人より成果が少なかったから仕方がないでしょ」といわれます。本人のがんばりが足りなかった、自己責任だということにされるわけです。安倍首相は、それを「労働時間ではなく成果で評価する新しい労働制度」といって、問題点をおおい隠そうとしています。

■世界を相手に競争するから必要なのか

熾烈な国際競争のなかでの働き方とは、どういうものでしょうか？　安倍首相は国会の答弁で「高度プロフェッショナル制度」は「対象をグローバルに活躍する高度専門職として働く人」に絞っているとのべ、「海外とのやり取りを含めて、夜遅くなることが続く、あるいは研究職において、研究開発がまさに佳境に至ったところにおいて、成果をあげていくために、ある程度の、このフレックスな時間にしていく」といいました。夜遅くまで、あるいは佳境にいたったところで労働時間の規制をうけない長時間労働を想定しています。

塩崎厚労相も記者会見で同じようなことをいっています。「世界を相手にしていますと時差というものがあります。そうすると向こうが昼間だけどこちらは夜中だというときにも働かないとこれは仕事にならない」

それなら向こうが夜ならこちらはどうするのか。働かないと仕事にならないでしょう。こういう発言を聞くと、グローバル競争に勝ち抜くためには、〝「高度プロフェッショナル」は、労働時間規制にしばられず、世界を相手にして寝ないで働いてくれ〟といわれているようです。いくらグローバル競争が激しいからといって、こんな適用除外制度をつくろうとしている国はどこにもありません。

こういうときにドイツやフランスなどでは、複数体制をとって仕事を共有し、交代しながら仕事をします。日本の政府や財界のような人道に反することはしません。

さらにいえば、政府や財界が考えている働き方にする場合でも、現行の労働法制でも可能であり、障害になるとは思えません。日本では労働基準法の36条にもとづいて、労使が協定を結んで労働基準監督署に届ければ、青天井で残業させることができるからです（「サブロク協定」といいます）。実際、多くの企業が月に１００時間を超える残業体制をとっています。

ただし、これは残業代を払わなければなりません。結局、安倍首相らのいい分を吟味してみると、残業代を払わずに世界を相手にたたかっていく労働法制をつくりたい、ということにつきるのです。

塩崎厚労相は2015年2月の日本共産党の志位委員長の質問にこんな珍論を唱えています。グローバルな仕事で海外と会議を持とうと思ったら「こちらの昼の時間にはできないわけで、向こうがやっている時間に合わせてやるとなると、こちらは1回昼間休んでおいて、夜出勤してテレビ会議をやるとか、電話会議をやるとか、そういうようなこともある」といいました。こういうときに「高度プロフェッショナル制度」は「非常に有効ではないか」と。

グローバルな仕事は、海外の相手が夜でこちらが昼の時間帯だと会議ができない、そういう不自由な働き方になると塩崎厚労相は考えているのでしょうか。昼に休んで夜に出直してテレビ会議をやったときに、労働時間をカウントされて深夜の割増賃金支払義務が発生するのは不合理だということであるなら、これはもう何をかいわんやです。厚生労働大臣の一番大事な仕事といえる労働者保護の立場がまったく感じられません。

会議のために夜に出勤したら、管理職であれ高度専門職であれ深夜勤務の割増賃金を出すのは当然だという立場に立つことこそ、厚生労働大臣に求められていることではないのでしょうか。

厚生労働大臣にぜひ読んでほしい文書があります。1992年10月9日に閣議決定された「労働時間短縮推進計画」です。旧労働省がパンフレットにしています。

このなかで労働者の生活時間は、労働時間のみならず、個人の余暇活動の時間、家族とふれあう時間、社会参加の時間などから成り立っているとし、これらを充実させるためには労働時間の短縮を推進することが重要だとのべています。そのうえで次のようにのべています。

「労働時間の短縮は、労働者の心身の健康を維持し、仕事の効率や創造性を確保するという観点から重要な課題であるとともに、高齢者・女子を含めたすべての労働者に働きやすい職場環境を作り、結果として中長期的な労働力不足への対応策にもなり得る。さらに、経済力にふさわしい労働条件を実現し、国際的に調和のとれた経済発展を達成するためにも、喫緊の課題となっている」

長時間労働でくたびれた状態では、仕事の効率や創造性は生まれない。経済発展もできませんよという指摘です。日本のいまの政府は、このかつての閣議決定とはまるで反対の方向に走っています。

企業のグローバル競争は、日本だけではありません。しかし日本のように課長の一歩手前の労働者に「残業代ゼロ」制度を導入するという議論をしている国はありません。

グローバル競争の時代に対応した働き方をという理由で、労働法制の規制緩和をとなえる近年の傾向について、労働法学者の西谷敏《さとし》氏（大阪市立大学名誉教授）は次のように批判しています。

「考えてみればすぐわかることだが、グローバルな激しい競争を前提として考えた場合、一つの国が『企業が最も活動しやすい国』（安倍総理大臣）になることはありえない。なぜなら、日本が労働法的規制を緩和し、企業活動の自由を拡大していくならば、必ず別の国が規制緩和をさらに大胆に進めて競争に勝とうとするからである。その結果は、世界で最低水準の労働条件と労働者権に向かっての際限のない競争である。そこには勝者はない。残るのはグローバルな次元での労働の荒廃だけである」（西谷敏ほか編著『日本の雇用が危ない―安倍政権「労働規制緩和」批判』39ページ、旬報社、2014年刊）

■オバマ米大統領が「時代遅れ」と見直し指示

「高度プロフェッショナル制度」は、アメリカの「ホワイトカラー・エグゼンプション」がモデルです。「アメリカのように」といえば、アメリカではうまくいっているように思われそうですが、実際は問題だらけ。バラク・オバマ大統領が2014年3月に見直しを求める「覚書」を出すなど、是正の動きがおこっています。

アメリカには労働時間を規制する制度がありません。公正労働基準法という法律があって、「使用者は、通常の賃金の1・5倍以上の率で賃金を支払わない限り、週40時間を超えて被用者を使用してはならない」（7条）と定めています。これは労働時間を週40時間で制限するということではなく、50％割増の賃金を払えばそのあと何時間働かせても構わないというものです。

そして、この定めにたいして「管理的」「運営的」「専門的」な労働者について「エグゼンプト」（適用除外）できるとしています。これが「ホワイトカラー・エグゼンプション」といわれるものです。適用除外の労働者を「エグゼンプト」、適用除外されていない労働者を「ノン・エグゼンプト」と呼んでいます。

問題になっているのは、職務の要件があいまいで、「エグゼンプト」の労働者が広がり、労働時間が長くなっていることです。労働時間が週40時間以内で働いている労働者は、「ノン・エグゼンプト」では81％なのに、「エグゼンプト」の労働者は56％に下がるというデータがあります。

日本弁護士連合会が２０１５年1月にアメリカの労働時間法制の調査を実施し、そのメンバーとして訪米した中村和雄弁護士がこう語っています。

「調査団員が米労働省の担当者や組合の幹部に『日本では残業代を払うからダラダラ残業となり、残業代をなくせば定時に帰るという意見がある。どう思うか』と質問しました。すると『経営者は残業代を払わなくていいなら、いくらでも残業させる』『日本ではなんてバカな議論をしているんだ』と、あきれていました」（「しんぶん赤旗」２０１５年5月1日付）

もう一つの問題は、なんといっても収入要件が週４５５ドル（年収2万３６６０ドル）という

「ホワイトカラー・エグゼンプション」見直しの「覚書」に署名するオバマ米大統領（2014年３月13日。写真はホワイトハウスホームページより）

低額だということです。日本でいえば約２６５万円（１ドル＝１１２円で計算）です。日本では年収２００万円以下の層を「ワーキングプア」（働く貧困層）と呼んでいますが、それを65万円ほど上回る労働者が「エグゼンプト」の対象になるということです。アメリカでは、賃金がこの水準に満たない労働者は12％だといいます。つまりそれ以外の88％の労働者が「エグゼンプト」の対象者だということです。

あいまいな職務要件で低賃金層まで「エグゼンプト」にされている状況のなかで、残業代をめぐる訴訟が増えています。全米で２０１２年が７６７２件、13年が７８８２件、14年が８０６６件にのぼっています。14年の解決金は、上位10社の合計額が２億１５３０万ドル（約２４１億円）という巨額です。

日本では「サービス残業」を摘発する労働者、国民の運動があり、行政の是正指導もあって毎年数百億円の未払い残業代が労働者に払われていますが、アメリカでも残業をめぐるたたかいが裁判闘争のかたちで広がっています。

このような深刻な状況を是正するために出されたのが「時間外労働規制の更新と現代化」と題したオバマ大統領の労働長官にあてた「覚書」です。次のようにのべています。

「（公正労働基準法の）時間外労働の必要条件の除外についての規則、特に管理的、運営的、そして専門的な労働者の除外規則（しばしばホワイトカラーエグゼンプションと称される）は、現代の経済から遅れている。これらの規則が時代遅れになっているため、何百万人もの米国人が時間外労働賃金の保護を受けられず、最低賃金の権利さえも保障されていない。そこで、現行の時間外労働規則を現代に合わせ合理化する改定を提案するよう、ここに指示する」

これを受けて２０１５年７月に見直し案が発表され、対象者が大幅に縮小されようとしています。アメリカの「ホワイトカラー・エグゼンプション」は、こういうことをやったら労働者がたいへんな被害をうけるし、社会が壊れてしまうことを教えています。オバマ大統領が「覚書」でいうように「現代の経済から遅れている」制度にほかなりません。それをバラ色に描いて導入しようとする日本の政府、財界の動きを、この「覚書」は〝「時代遅れ」だ。やめたほうがいい〟といっているのです。日本への警告文として読むことができます。

第2章　裁量なき裁量労働制の拡大

■禁止されていた営業職への適用

「高度プロフェッショナル制度」の導入が、労働基準法改悪の最大の問題点であることはあきらかですが、それとあわせて、企画業務型裁量労働制の適用業務を拡大する措置と、手続き要件の緩和が盛り込まれていることも重大です。

経団連は、「残業代ゼロ」制度の導入が第1次安倍政権で失敗したあと、しばらく実現は無理だという挫折感があって、企画業務型裁量労働制の規制緩和に要求の重点を置いてきました。それが今回、両方同時に法案化され、財界にとっては満額回答といえる中身になっています。

裁量労働制は、事務系、技術系のいわゆるホワイトカラー労働者が対象でした。先にふれたように、仕事の進め方や時間配分について裁量が労働者にあることを条件に、労働者が実際に働いた時間とは関係なく、労使があらかじめ協定した時間を働いた時間と「みなす」制度です。残業代の削減をねらう財界の要求で導入されたものですが、労働時間をあいまいにする危険性が強い制度なので、年収要件はありませんが、対象業務や導入手続きなどの適用条件をきびしくしています。

この制度には、専門業務型と企画業務型の２つのタイプがあります。

専門業務型裁量労働制は、１９８８年に導入され、新商品研究開発、情報システムの分析・設計、取材・編集、デザイナー、弁護士など19業務を指定。もう一つの企画業務型裁量労働制は、２０００年に導入され、「企画、立案、調査及び分析」をおこなう労働者が対象です。

２０１３年時点での導入割合を示す指標をみると、次のようになります。

専門業務型を導入している企業は２・２％、企画業務型は０・８％です。企業規模１０００人以上でも専門業務型が７・６％、企画業務型が５・９％。労働者割合でみると、全体で専門業務型が１・２％、企画業務型が０・３％で、企業規模１０００人以上では専門業務型が１・６％、企画業務型が０・５％となっています。

導入のハードルが高いのでこのように低いのですが、とくに事務職のホワイトカラー層に大規模に導入しようと考えていた企画業務型を広げることができなかったことが、経団連の大きな不満となっています。

そこで、２０１３年４月に経団連は「労働者の活躍と企業の成長を促す労働法制」という提言を発表。このなかで、企画業務型裁量労働制を導入していない企業の４割が「法制上の要件が厳しく、制度を導入するメリットが見いだせない」と経団連独自の調査に回答しているとのべ、利用を妨げている要件を4点あげています。①対象業務の範囲が狭い②労使委員会の決議要件が厳格③対象労働者の範囲が狭い④対象労働者の同意要件が厳格、というものです。

そして「現行法に定める対象業務及び対象労働者の範囲は、企業実態と乖離《かいり》しており、円滑な企画業務型裁量労働制の導入、運用を困難なものとしている」とのべて、要件緩和を主張しています。とくに厚生労働省令で「個別の営業活動の業務」を対象業務になりえないものに特定していることに反発し、「対象外とすることは適切でない」と攻撃しました。

法案は、この経団連の要求をほぼ取り入れたものになっています。

現行の「企画、立案、調査及び分析」という業務に、新たに「当該事項の実施の管理・評価をおこなう業務」と、「商品の販売、法人顧客との契約、締結、勧誘をおこなう業務」の2つを加えます。商品の「販売と勧誘」といえばまぎれもない営業の業務です。

営業という業務は、顧客の開拓、商品のセールスなどたいへん分野が広く、この業務に携わっている労働者の数も多い。そのため厚生労働省も、営業という業務は労働時間管理が可能であり、裁量労働になじまないとして、該当しない業務に指定しています。

業務の範囲が広く、対象の設定が非常にあいまいな営業職を裁量労働制の対象業務にすれば、残業代が出ない「みなし労働」の適用者が爆発的に増えるにちがいありません。営業職の大勢の労働者が裁量労働になれば、8時間働いたとみなす労使協定で、ノルマ達成のために残業代が払われない9時間、10時間の長時間労働に追い込まれるという、大変なことになることが心配されます。その危険性があったからこそ、厚生労働省は営業を裁量労働制に「該当しない業務」とわざわざ省令で指定していたのです。それを解禁するというのです。

「管理・評価をおこなう業務」を裁量労働制の対象にするというのも漠然として、歯止めがみえません。現場で生産管理や品質管理の業務をおこなう一般労働者にまで対象を広げるということであれば、大変危険であり、大問題です。

このほかにも例えばチェーン店の店長を「管理職」扱いにして残業代を払わないやり方が問題になった「名ばかり管理職」のケースを考えてみましょう。裁判では、店長は管理職ではないとして残業代支払いの判決が出ましたが、〝「名ばかり管理職」がだめなら、「管理の仕事」をする裁量労働だ〟とならないでしょうか。この方法で残業代不払いを合法化することだって十分考えられそうな範囲のあいまい化が目的です。

■あいまい適用で違法はびこる

企画業務型裁量労働制は、労使協定だけで適用できる専門業務型と違って、企業に労使委員会をつくり、その5分の4の多数による決議を必要とし、議事録もつくらなければなりません。かつ決議を労働基準監督署に届け出るとともに、6カ月ごとに定期報告が必要です。適用条件がこのようにきびしいうえに、さらに労働者を特定するなど適用の範囲も狭いので、低い導入率ですんでいます。

企画業務のような仕事をしている労働者は、それがほんとに裁量労働なのか、「裁量」と判断する線引きがわかりにくく、勝手に広げられる可能性が高いので、このように要件をきびしくしているのです。それを、改定法案のようなあいまいな対象拡大を許せば、残業代が出ない労働者が劇的に広がることは間違いありません。

裁量労働制は、業務の進め方を本人の「裁量」にゆだねる必要があることが前提で、とくに企画業務型は企業の本社で中枢業務を担っている事務系の労働者への適用を想定した制度です。グローバル化や産業構造の変化で仕事が高度化して「画一的な労働時間規制が適さない働き方が増えている」というのが主要な理由でした。したがって上司の指示、命令のもとで仕事をするとか、出退勤時間が一律に決まっていて遅刻すれば注意されるなどの管理された働き方では適用されないことになっています。

しかし法案の方向で適用の範囲を拡大すれば、仕事の「裁量」がまるでない一般労働者に大規模に広がることになります。自分の裁量で労働時間を管理できる労働者に限って適用するという制度の根幹を崩すものだといわざるをえません。

営業の労働者が「あなたは裁量労働制です」「みなし労働制です」といわれて、訳がわからないまま残業代が払われない長時間労働に引き込まれていく。こういう働き方が日本の社会に蔓延《まんえん》

表7 「企画業務型裁量労働制」はこうなる

	現行	改定後
労使委員会の設置	労使双方の代表による委員会を事業場ごとに設置	同
決議	委員の5分の4以上の多数決	同
対象業務	事業の企画・立案・調査及び分析の業務であって、使用者が仕事の進め方、時間配分に具体的指示をしないこととする業務	前記に追加 「当該事項の実施の管理、評価をおこなう業務」 「商品の販売、法人顧客との契約、締結、勧誘をおこなう業務」
労働基準監督署への届け出	・事業場ごとに労使委員会の決議を届け出る ・6カ月ごとに定期報告する	・本社一括届け出に緩和（省令） ・6カ月後の1回だけ（省令）
労働者の同意	対象労働者個人の同意が必要。不同意でも不利益扱いしない。	同

することになります（表7参照）。

手続き要件の緩和も問題です。これまでは各事業所ごとに労使委員会の決議をもよりの労働基準監督署に届け出ることになっていましたが、本社が一括して届け出ればよくなります。また実施状況を6カ月ごとに定期報告することになっていたのが、6カ月後の1回だけでよくなります。これも財界の要求に応じた措置です。

「高度プロフェッショナル制度は一部の高給取りの話」と油断していたら、もう一方の企画業務型裁量労働制を適用されて、残業代を奪われ、長時間働かされることになってしまいます。

労働基準法の改悪案は、こういう2つの方向から労働時間制度を崩そうとしています。なんとしても成立させるわけにはいきません。

図１　企画業務型裁量労働者の日々の出退勤管理（単位：％）

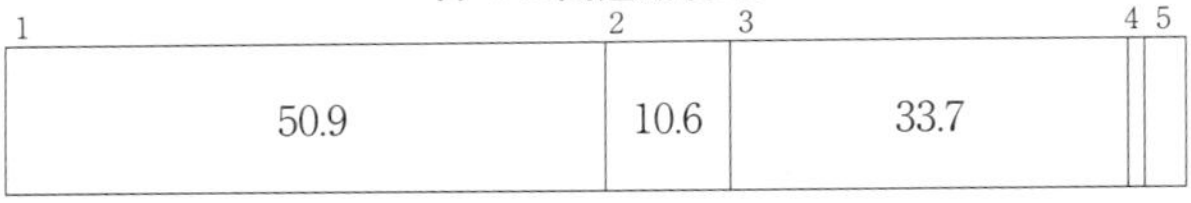

（注）上記棒グラフの５区分は、左から 1. 一律の出退勤時刻がある。2. 決められた時間帯に職場にいれば出退勤時刻は自由。3. 出退勤の時刻は自由だが、出勤の必要はある。4. 出勤するかしないかは自由（1.4%）。5. 不明（3.5%）。

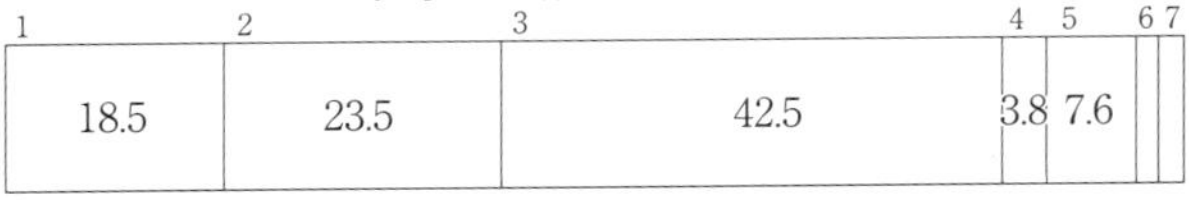

（注）上記の棒グラフの７区分は、左から 1. 会社または上司が設定。2. 自分の意見を踏まえて上司が設定。3. 上司と相談しつつ自ら決定。4. 取引先または顧客と相談しつつ自ら決定、5. 作業を共に行っているチームの者と相談しつつ自ら決定。6. 自ら単独で決定（1.4%）。7. その他（3.5%）。

現実に、裁量労働制では、違法な運用がはびこり、適用されている労働者は長時間労働でひどい状態におかれています。

２０１４年10月に開かれた厚生労働省の労働政策審議会労働条件分科会に裁量労働制に関する資料が提出されています。衝撃的な内容です。

「日々の出退勤管理」について、「一律の出退勤時刻がある」という回答が企画業務型の労働者ではなんと50・9％です（図1参照）。専門業務型労働者は42・3％です）。出退勤をふくめて労働時間を自分の裁量で決める労働者に適用されているはずなのに、半数は管理されているのが実態です。遅刻すると「上司に口頭で注意される」という答えが43・3％、「勤務評定に反映される」が22・7％にのぼっています。「賃金がカットされる」という答えもあります。

「仕事の目標等の決定方法」はどうなのでしょうか？「会社・上司が設定」という回答が企画

業務型で18・５％です。２割近くが上司の指揮命令に従って働いているということです（図１参照。専門業務型は16・５％です）。

労働時間をみると、企画業務型で設定している「みなし労働時間」は平均８時間19分。企業の過半数が８時間以下に設定しています。しかし、実労働時間は平均が９時間16分で、設定時間より１時間長くなっています。最長が11時間42分です。

設定した時間と実際の労働時間の開きが最大で３時間半もあるというのはたいへんな驚きです。裁量などどこにもない状態で、ただただ長時間労働になっているだけということがわかります。

なお、裁量労働制のみなし労働時間・実労働時間・休日労働日数の状況は次ページの表８のとおりです。

■違法告発したソニーの労働者の場合

実際の事例を紹介します。

電機大手のソニーで磁気テープの試作品製造に携わる50歳代の男性のケースです。「エキスパート制度」と名付けた専門業務型裁量労働制が適用されていました。「時間に応じた報酬から成果重視の報酬に移行する」として、１日７時間45分を「みなし協定時間」とし、月25時間分の残業代に相当する「エキスパート手当」が10万円支給されています。

表8 裁量労働制のみなし労働時間・実労働時間・休日労働日数

○みなし労働時間は微増であるが、実労働時間は微減又は横ばい。
○実労働時間が１日12時間超の労働者がいる事業場は依然として５割前後。
○法定休日労働は増加又はほぼ横ばい。

〈就労条件総合調査＊〉
○適用労働者割合は、
専門業務型1.1%(0.9%)
企画業務型0.3%(0.1%)
＊常用労働者30人以上の企業が対象

〈①専門業務型裁量労働制〉

	みなし労働時間	うち8時間以下	実労働時間平均時間（１日）	うち8時間以下	うち10時間以下	うち12時間以下	法定休日労働平均日数
最長の者	8：32 (8：29)	45.5% (45.7%)	12：38 (12：38)	10.8% (9.4%)	35.8% (38.2%)	53.4% (52.5%)	8.5日 (8.2日)
平均的な者			9：20 (9：19)	23.5% (21.5%)	65.8% (70.2%)	10.6% (8.2%)	4.0日 (4.1日)

〈②企画業務型裁量労働制〉

	みなし労働時間	うち8時間以下	実労働時間平均時間（１日）	うち8時間以下	うち10時間以下	うち12時間以下	法定休日労働平均日数
最長の者	8：19 (8：07)	50.8% (67.3%)	11：42 (12：16)	10.0% (7.5%)	44.8% (42.6%)	45.2% (49.9%)	5.8日 (5.3日)
平均的な者			9：16 (9：24)	19.1% (18.1%)	71.9% (73.4%)	8.8% (8.5%)	3.1日 (2.8日)

（注） 括弧内は平成17年度労働時間等総合実態調査の結果。
（出所） 厚生労働省平成25年度労働時間等総合実態調査。

しかし男性が記録した実際の残業時間は、２０１４年５～７月、９～12月の平均が月約65時間でした。もっとも長かった7月の残業は94時間にのぼりました。８月はあまりに忙しくて記録を完全に残せませんでした。残業時間がこれほど長いのに、月25時間分として10万円の手当が出ているだけです。

それだけではありません。裁量労働制は「みなし協定」で残業代が出ないことになっても、適用除外制度ではないので、深夜と休日勤務の割増賃金については、企業に支払い義務があります。ところが、この男性の場合、給与明細に深夜割増に該当する項目がありません。違法性が濃厚です。さらに磁気テープの試作品製造の仕事は、熟練を要するとはいえ、働き方に裁量の余地はなく、はたして裁量労働制に当てはまるかどうかも疑わしい。

男性は、長時間労働の連続で、体調がどんどん悪化していきました。14年7月の94時間もの残業がかなりきつかったことから、これでは心身がもたないと会社に訴え、「研究開発テーマ」の担当を外れました。これにたいして会社は「仕事を放り投げた。もっと頑張っている人はいる」として、成果主義の評価を下げました。会社のいう「もっと頑張っている人」とは、厚生労働省が示している「過労死ライン」の月80時間以上の残業が連続している人でした。

男性はその後、職場で激しい動悸におそわれ、医師の診断で時間外労働を控えなければならなくなりました。賃金ベースが降格しました。

男性が所属しているソニー労働組合仙台支部（松田隆明支部委員長）が、この男性の記録をも

図２　電機で働く労働者の労働時間の評価（勤務形態別、単位：％）

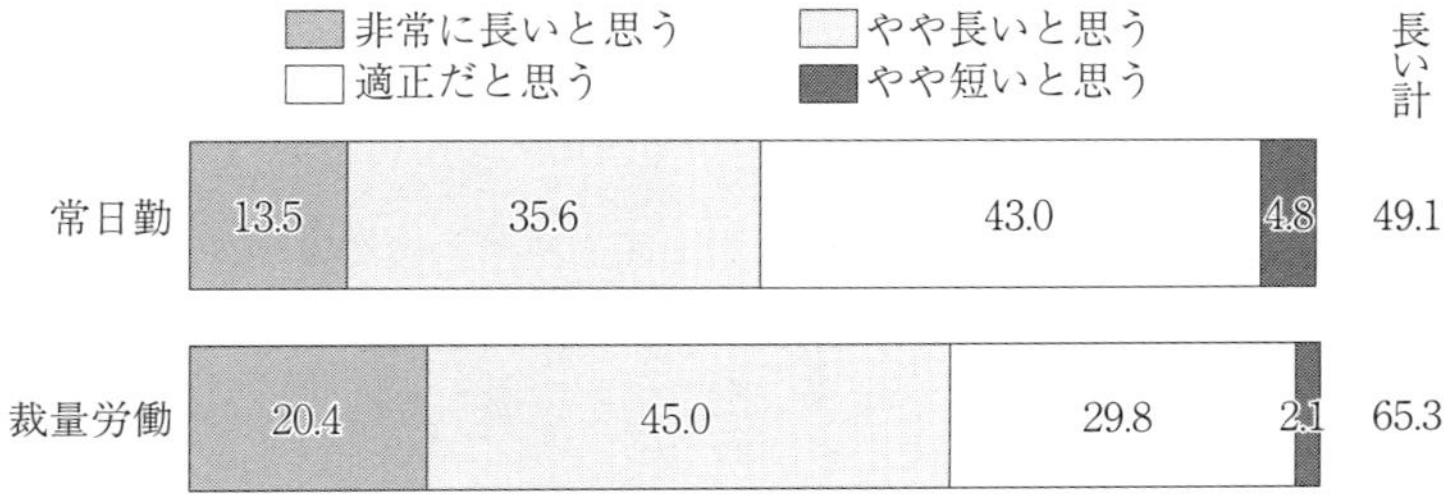

（出所）　電機連合　「2015年生活実態調査」から。

とに労働基準法違反の疑いがあるとして厚生労働省の労働局に調査・指導を要請しました。その結果、仙台労働基準監督署が「労働基準法違反の疑いが濃厚」だとして、文書による是正指導をおこないました。「しんぶん赤旗」が２０１５年12月19日付で報道しています。その内容は次の通り。

組合にたいする監督署の説明では、ソニーの裁量労働制は、

①エキスパート手当のなかの深夜手当の範囲が不明確
②就業規則に裁量労働制「エキスパート制度」の記載がない
③深夜帯の労働時間を台帳で管理していない
④協定内容が実態に合っていない

などの問題点がありました。これは裁量労働制とは到底いえない、偽物というしかありません。こんなやり方が大企業の職場でまかり通り、残業代なしの長時間労働で労働者が体をこわし、悲惨な目にあっているのです。

ソニー本体の正規労働者は最近のリストラで減っていますが、約１万２０００人といわれ、そのうち裁量労働制の適用者が３分の１近い４０００人以上だといいます。１企業内で上司が口を出

さず自己の「裁量」で働く労働者がこんなにいるなんて信じられない話です。

裁量労働制は、本来の法の趣旨からかけ離れた違法な運用が常態化しています。厳格に取り締まることが何よりも急がれています。それをやらずに「裁量性」がない業務に拡大しようとするのは、許されることではありません。

裁量労働で働く労働者の労働時間が一般労働者に比べて長くなることは、電機連合の調査でも明らかです（図２参照）。

■フレックスタイム制見直しも残業代削減がねらい

今回の改定案は、フレックスタイム制の見直しもあります。

やはりねらいは残業代削減。この制度は、出社・退社時間を労働者の決定に任せるもので、例えば子育て中の労働者などに利用されています。労使協定を結べば労働基準監督署に届け出る必要はありません。１カ月の「清算期間」があって、１日８時間を超えて働いたり、週40時間を超えて働くことがあっても、１カ月の平均が週40時間を超えない範囲であれば残業代が発生しない仕組みです。

仕事が忙しい週は１日10時間の長時間労働の日があっても、次の週の働く時間を減らして１カ月の「清算期間」内におさまれば残業代は出さなくてもいいわけです。この「清算期間」を現行の1カ月から3カ月に延長します。「メリハリのある働き方を可能にするため」というのが厚生労働省の説明ですが、清算期間を月をまたいで3カ月にするというのは、労働者が希望しているわけではなく、経団連が強く要求していたことです。

「清算期間」が3カ月になれば、たとえば決算期で忙しい月は長時間労働をして、翌月、翌々月で時間を相殺できるので、結局、繁忙期に残業代不払いの労働を増やすことが可能になることが理由でした。

これまでみてきたように、労働基準法改定案は「高度プロフェッショナル制度」の新設、企画業務型裁量労働制の適用拡大、フレックスタイム制の清算期間延長というトリプルで労働者から残業代を奪い、労働時間を企業の自由にまかせて長時間化させるものです。

■中身がない「働き過ぎ防止」策

政府は、労働基準法の改定案で、「働き過ぎ防止」のための新たな対策として、長時間労働抑制策・年次有給休暇取得促進策を盛り込んだと宣伝しています。そこでは、以下のような対策をあげています。

①中小企業における月60時間超の時間外労働に対する割増賃金の見直し。中小企業に対して実施していた猶予措置を廃止して、中小企業も月60時間を超えた残業代は割増賃金率を50％にする。
②著しい長時間労働に対する助言指導を強化するための規定の新設。行政官庁が時間外労働に関して労使に助言指導するさい、「労働者への健康確保」に配慮することを法律に盛り込む。
③一定日数の年次有給休暇の確実な取得。10日以上の年次有給休暇が付与されている労働者に対し、毎年５日、時季を指定して与えることを使用者に義務づける。
④企業単位での労働時間等の設定改善に係る労使の取り組み促進。年次有給休暇の取得について、労使でつくる労働時間等設定改善委員会の議決で労使協定に代えることができることにする。

これではたして「働き過ぎ防止」になるのでしょうか。中身が薄いし、実効性もあるとは思えません。結論的にいえば、「残業代ゼロ制度」に対する国民の批判をやわらげることをねらい、いろいろな「働き過ぎ防止対策」をやりますよという、作為が強く感じられる内容です。そのために、とにかく寄せ集めたと言わざるをえません。「働き過ぎを防止する対策」と大げさにいう割には、期待できるものがありません。

安倍首相や塩崎厚労相は、この内容を繰り返し主張して、あたかも長時間労働が抑えられ、年休取得がすすみ、健康確保が図られるかのように印象づけようとしています。したがって、これがいかに内容が薄く、期待できないものであるかを明らかにしておきます。

まず一番目の、中小企業にたいして残業代割増率の適用を猶予していた措置を廃止するという問題。このことではすでに月60時間を超える残業について、割増率を現行の25％から50％以上に引き上げる労働基準法の改正が２００８年におこなわれています。

ただ、このとき中小企業にたいしては、経営への影響が大きいと判断して、「当分の間」適用しないとしました。これが猶予措置です。全体の７割の労働者が中小企業で働いており、自分たちになぜ適用されないのかと批判の声をあげましたが、政府は、施行から3年後に見直しを検討するという態度。とうとう今日まで何もせずに放置したままです。

こうした経過を考えると、もともと猶予措置は労働者に不利益になっていたものです。中小企業の人件費負担を緩和する対策をとって、もっと早く廃止しなければならないものでした。政府がみずからの怠慢でずるずる延ばしてきた懸案を遅まきながらやる事にしたというだけであって、新しい施策でも何でもありません。しかも施行期日は、法案全体は２０１６年4月1日なのに、この猶予措置だけはさらに先延ばしして２０１９年4月1日にしています。

長時間労働を抑制するために残業代の割増率を引き上げるのは有効です。けれども日本の現行の25％という割増率は低すぎます。世界の主要国はほとんど50％です。そもそも残業が月60時間を超えたら、そこから後は50％割増になるという制度がでたらめです。これでは「過労死」の危

図３　近年５割を下回る水準で低迷する年次有給休暇の取得率等の推移

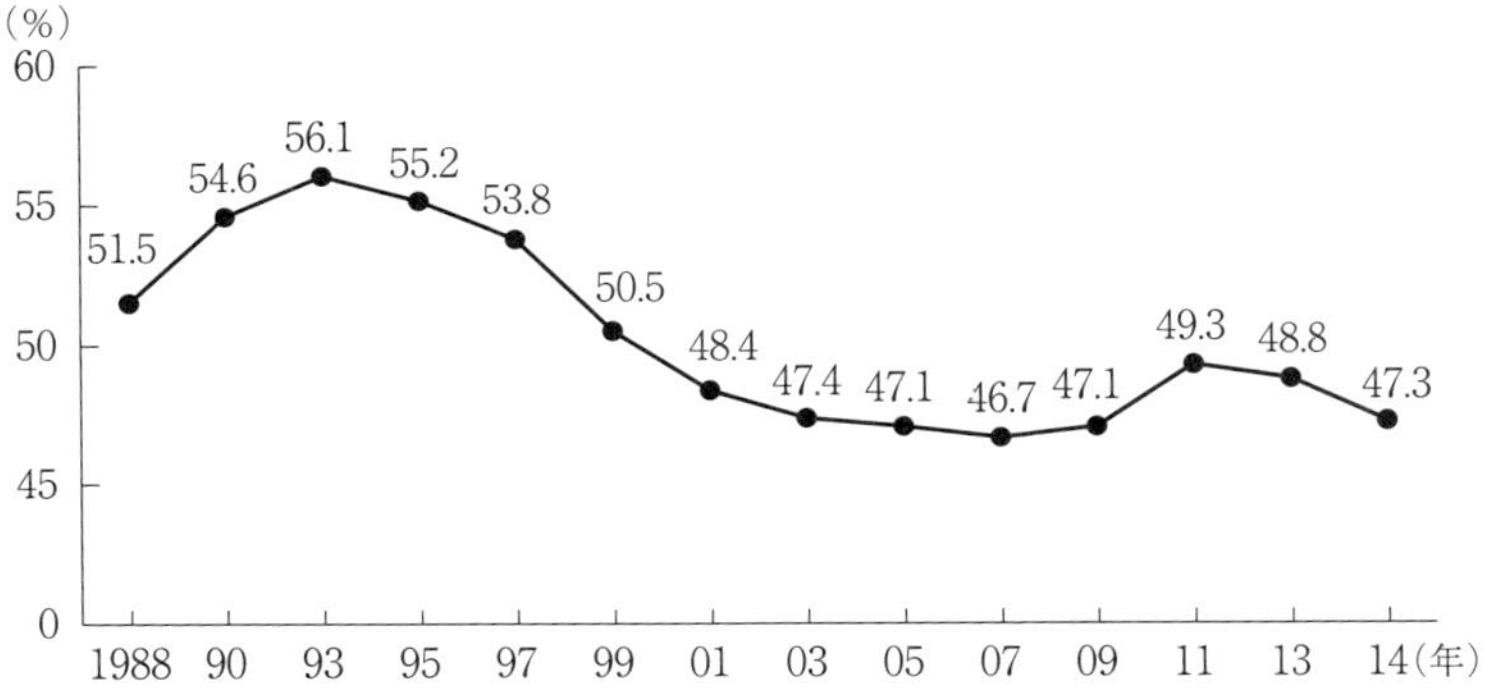

（注）１）「対象労働者」は「常用労働者」から「パートタイム労働者」を除いた労働者である。２）「付与日数」には、繰越日数を含まない。「取得率」は、全取得日数／全付与日数×100（%）である。３）2006年以前の調査対象：「本社の常用労働者が30人以上の民営企業」→2007年以降の調査対象：「常用労働者が30人以上の民営企業」。

険がある最低ラインである「月45時間」を超えて残業させてもいいと、国が企業にお墨付きを与えているようなものだからです。

これは改めるべきです。財界に気兼ねせず、中小企業への猶予措置の廃止程度のことではなく、思い切って残業代の割増率はすべて全部50％にすべきです。政府の本気度が問われています。

三番目の年次有給休暇の取得促進策もどれほど効果があるか疑問です。労働者がもっと自由に堂々と年休が取れるようにするのは、日本ではきわめて切実で重要な課題です。

年次有給休暇は、２０２０年までに取得率を70％にするのが政労使合意による目標ですが、厚労省の調査をみると２０１３年で48・８％だったのが、最近発表された２０１４年の調査では47・３％に下がっています。労働者１人当たりの付与日数の平均が

18・5日で、取得した日数は8・8日ということです。半分に届かないところで低迷しているのが現状です（図3参照）。

労働者に有給休暇をとらせるために、企業に時季指定を義務づけるという対策は、現行の計画的付与制度の奨励より一歩前に出た対策といえます。しかし、企業が時季指定して5日の年休を取らせるやり方で、どれだけの効果があるのでしょうか。中途半端の感は否めません。

5日間の有給休暇が指定できれば、あとはどうでもいいということになったら、逆行です。有給休暇をいつとるかは本来労働者の自由であることを前提に、時季指定の日数をもっと引き上げるべきではないでしょうか。日本の労働者が有給休暇を100％消化できないのは、人員不足で企業側が妨害しているのが主な原因です。その意味では、時季指定制度をつくるなら、企業側よりも労働者に強い時季指定の権利をもたせる規定こそ必要ではないでしょうか。

ヨーロッパの主要国は、ほとんど30日の有給休暇を100％消化しています。フランスでは1回はまとめて2週間以上の休暇を取ることを法律で義務づけています。ドイツでは社員に100％の有給休暇をとらせない管理職は勤務評価を下げられるといいます（熊谷《くまがい》徹著『ドイツ人はなぜ、1年に150日休んでも仕事が回るのか』30～31ページ、青春新書、2015年刊）。これでフランスもドイツも日本より生産性が高く成果をあげています。

日本の労働者は、有給休暇は平均18日程度しかないのに、取れるのはその半分。2020年までに70％まで引き上げようという政府目標は低すぎて実に情けないものです。しかし、それさえ実現の見通しが見えません。

今回の法案を見ても、目標を達成しようという意欲がどこにも感じられません。取得の取り組みを労使にまかせるのではなく、法にもとづく有給休暇は１００％取得するのが当たり前なのだという姿勢で、先進国を見習い、年の初めから上司の主導で誰がいつ何日休むか計画作りをすすめ、完全取得していくルールをつくっていく方向に向かうべきです。

日本が長時間労働で、まともに有給休暇も取れないのは、仕事の量と処理する労働者の数のバランスが崩れているのが原因です。仕事の量に比べて労働者の数が足りないために、どうしても1人当たりの仕事量が多くなり、長時間労働になるのです。

フランスやドイツでは、仕事の量に見合った労働者の確保が管理者の責任になるのですが、日本の財界は、人を増やすより、１人の労働者に25％の低い割増残業代を払って２人分の仕事をさせたほうが得だという考えです。労働基準法は残業の上限規制はないうえに、割増賃金も50％の諸外国に比べると半分です。しかも職場には有給休暇が取れるような雰囲気がありません。

この現状を変えようと思ったら、残業の上限を設定し、１日８時間を超えたら残業代は50％にアップすることが重要です。深夜・休日は１００％にするべきです。本来、労働者に義務がない労働を命じるのですから、経営者がそれだけの負担をするのは当然です。これだったら人を増やしたほうが得だと経営者が考えるようになれば、長時間労働は解消に向かうでしょう。

次の勤務までの休息時間（勤務間インターバル）を最低11時間確保するなどの措置をとることが労働組合や法律家団体、学者などの共通した主張になってきていますが、今回の法律案にはその方向がありません。

厚生労働大臣の諮問機関である労働政策審議会はこの法案大綱を2015年3月2日に「おおむね妥当」とする答申を塩崎厚労相に提出しましたが、これに添付した労働条件分科会の報告には、労働者代表委員の強い反対意見が付記されています。

企画業務型裁量労働制の対象業務追加は認められない。高度プロフェッショナル制度は長時間労働になるなどとして創設は認められないというものです。また長時間労働による健康被害の予防とワーク・ライフ・バランスの確保のために、労働時間の上限規制と休息時間（勤務間インターバル）規制を導入すべきだという意見もあったと記されています。

このように法案は、労働者側委員の強い反対意見と、長時間労働を抑える実効性ある提案を無視してまとめられました。労働時間は、労働基準法が日本国憲法の「賃金、就業時間、休息その他の勤労条件に関する基準は、法律でこれを定める」（第27条2項）を根拠にして制定された経過であきらかなように、憲法が名指し特定している労働条件です。その労働時間規定を肝心の労働者代表がこぞって反対しているのを無視し、財界の意向で一方的に変えるというやり方は、憲法違反の暴挙というべき大問題です。

第3章　「残業代ゼロ」制度に動き出した財界の動機

■発端は「サービス残業」根絶の「4・6通達」だった

残業したのに残業代を払ってもらえない不払い残業のことを「サービス残業」といいます。もちろん労働基準法違反であり、企業犯罪です。

財界が「ホワイトカラー・エグゼンプション」による「残業代ゼロ」制度をつくることに異常な執念を燃やす背景に、実は、労働行政が「サービス残業」の根絶に本気の姿勢を示したことが関係しています。財界にとっては予想外の展開でした。その経緯をたどってみます。

発端になったのは、労働者、国民の運動におされて厚生労働省が2001年4月6日付で出した「労働時間の適正な把握のために使用者が講ずべき措置に関する基準について」という通達でした。出した日付をとって「4・6通達」といわれています。

これには「サービス残業」が野放しにされて、労働者が長時間労働で健康を害し、「過労死」が深刻な社会問題として表面化したことがありました。１９９０年代のことです。大企業職場の労働者や「過労死」で亡くなった犠牲者の家族の告発やたたかいが大きく広がり、政府も対策を取らざるを得ない状況に追い込まれたのです。そして出されたのが「４・６通達」。この通達にそって、全国の労働基準監督署が「サービス残業」の摘発に動き、企業がパニック状態におちいりました。

通達の主な内容は、次のようなものです。

①始業・終業時刻の確認および記録
使用者は、労働時間を適正に管理するため、労働者の労働日ごとの始業・終業時刻を確認し、これを記録すること。
②始業・終業時刻の確認及び記録の原則的な方法
使用者が始業・終業時刻を確認し、記録する方法としては、原則として次のいずれかの方法によること。
ア　使用者が、自ら現認することにより確認し、記録すること。
イ　タイムカード、ＩＣカード等の客観的な記録を基礎として確認し、記録すること。
③自己申告制により始業・終業時刻の確認及び記録を行う場合の措置

ア　対象となる労働者に対して、労働時間の実態を正しく記録し、適正に自己申告を行うことなどについて十分な説明を行うこと。

イ　自己申告により把握した労働時間が実際の労働時間と合致しているか否かについて、必要に応じて実態調査を実施すること。

ウ　労働者の労働時間の適正な申告を阻害する目的で時間外労働時間数の上限を設定するなどの措置を講じないこと。

④労働時間の記録に関する書類を3年間保存する。

この通達が企業を追いつめる強い力を持ったのは、前文で「労働基準法においては、労働時間、休日、深夜業等について規定を設けていることから、使用者は、労働時間を適正に把握するなど労働時間を適切に管理する責務を有していることは明らかである」と明言したことです。

当然のことをいっているだけのようにみえます。しかし、これはとても重要な指摘なのです。労働基準法は、労働時間について規定はしていますが、把握・管理を企業に義務づける明文規定がありません。その欠陥につけこんで、多くの企業がまともな労働時間管理をせず、労働者の「自主申告」というかたちで、実際とは違った少ない残業時間を申告させ、「サービス残業」をさせていました。

通達は、労働基準法の欠陥を埋めて、労働時間を適正に把握・管理する責任が企業にあることを明確にし、具体的な管理方法まで明記したことで、画期的な内容だといわれています。企業にとって「サービス残業」は、もっとも野蛮に人件費を削り、最もストレートに利益を上げる方法です。このため多くの企業が違法と承知のうえで、みずからは労働時間を把握・管理せず、労働者に実際より少ない時間を「自主申告」させて残業代の支払いを抑えてきました。このやり方が通用しなくなったのです。企業にとって一大事です。

この通達は、従来の労働時間管理に大変化をもたらすことになるとして労働界、産業界に大きなインパクトをあたえ、たいていの出版社が労働法の解説本、労働時間規定マニュアルなどの版を改めました。結果、いま労働法の解説書のほとんどに「4・6通達」の内容が記述されています。

例えば、浅倉むつ子・島田陽一・盛誠吾《もりせいご》著『労働法』〔第3版〕（有斐閣、2008年刊）は「使用者の労働時間適正管理義務」というコラムを別に設けてこの問題を扱っています。

「使用者がいちいち労働時間を把握せず、それを労働者の自己申告に委ねたりする結果、実際の労働時間に対応した賃金や割増賃金が支払われず、長時間労働が放置されるという事態が生じている。そこで厚生労働省は、2001年に『労働時間の適正な把握のために使用者が講ずべき措置に関する基準』（平13・4・6基発339号）を定め、この問題に対処することになった」（217～218ページ）

またこの通達は、残業不払い問題の裁判でも重要な判断基準になっており、企業の労働時間管理責任がきびしく問われるようになったことも注目されています。菅野《すげの》和夫、安西愈《あんざいまさる》、野川忍著『判例労働法２』（第一法規、２０１４年刊）で「裁判実務に与える影響は大きい」（１２５ページ）と指摘されるほどです。

企業側の弁護士らによるこんな反応もあります。彼ら流のいい方ですが、〝「残業稼ぎ」の労働者〟の対策を企業に伝授しようとした『ダラダラ残業防止のための就業規則と実務対応』という本が出たのです。「サービス残業」について「国会においても、野党議員から…厳しい国会質問等がなされ」て、厚生労働省から「４・６通達（ヨンロク通達）」が出て、この通達によって、それまで労働者の自己申告が一般的だった労働時間管理が企業責任になったことを解説しています。そして労働基準監督署から「急激に指導が強化」され、裁判でも通達の影響をうけた事例が目立つと書いて、企業側に注意を呼びかけています。

この本がいう「野党議員」とは、日本共産党の議員のことです。

■支払わせた残業代14年間で２３００億円超

「４・６通達」を契機に、労働者、家族による申告があいつぎ、労働基準監督署の取り締まりが強化されました。トヨタ自動車、三菱電機、中部電力など主要な大企業があいついで摘発され、巨額の不払い残業代を労働者に支払っています。

なかでもトヨタ自動車は03年1月に労基署の是正指導をうけて、生産ラインを止めて労働時間管理を改善する緊急集会を開きました。通達の効果を象徴的に示した出来事でした。

厚生労働省は、通達を出したあと、03年4月から「賃金不払い残業の是正結果」を毎年発表するようになりました。最新の発表は2014年度分で、是正額は142億4576万円（前年度比19億378万円増）。是正によって残業代が支払われた労働者数は20万3507人（同8万8627人）、是正をうけた企業は1329社（同88社減）です。1企業での最高支払額は14億1328万円で製造業の企業でした。

厚生労働省が調査を開始した01年度以降の14年間で、是正総額はなんと2303億174万円に達しました。是正させた企業総数が1万8063社で、トヨタ自動車などの大企業が多数含まれています。労働者総数では197万4639人にのぼります。

これは企業犯罪をきびしく取り締まった貴重な成果といえますが、同時に、14年経ってもなお年に1300社を超える企業が摘発されている事実は、依然として「サービス残業」がなくならない深刻な実態を示しています。摘発されて残業代が払われたのは氷山の一角と見るべきでしょう。

企業の不払い残業について、いまでは普通に「サービス残業」と呼ぶようになっていますが、

「サービス残業」という言葉を使って初めて国会でとりあげたのは日本共産党の沓脱《くつぬぎ》タケ子参院議員（故人）です。１９７６年5月でした。以来、日本共産党の議員は国会のたびに誰かが必ずこの問題をとりあげ、タダ働きの長時間労働の根絶を政府に求めて系統的に努力してきました。国会質問数は、沓脱質問のあと、「４・６通達」が出た２００1年までに２４０回を超えます。

追及でねらいを定めた核心部分は、労働者の「自主申告」のかたちをとって労基署の調査を逃れる企業のやり方でした。「自主申告」というのは、本当は夜10時まで残業したのに、8時に帰ったと申告させるやり方のことです。

ここを徹底的に突き、２０００年3月には労働時間の管理責任を企業に義務づける「サービス残業根絶特別措置法」を提案。同年4月の衆院予算委員会で志位和夫書記局長（当時）が、サービス残業の最大の問題点は、企業が実際より少ない残業時間を労働者に「自主申告」させるやり方にあるとして、労働時間の把握と管理を企業に義務づけることを求めました。

1年後、厚労省が出した「４・６通達」は、この主張をそのまま文書にしたような内容でした。当時、厚労省内では、「国会のたびに何度も共産党からとりあげられて、参った。通達には共産党の主張がかなり盛り込まれた」と話題になっています。

■「固定残業代」是正させた吉良質問

日本共産党の国会での「サービス残業」追及の伝統はいま、「固定残業代」という新手の残業代不払い方法の追及に発展しています。

「固定残業代」には、さまざまなやり方がありますが、「月給の中に残業代を含んでいる」といって、残業代をまともに払わずに長時間労働させるものです。

２０１４年3月11日の参議院予算委員会で日本共産党の吉良《きら》よし子議員が、「労働者にひどい労働をおしつけるからくりの一つ」として、「固定残業代制度」をとりあげています。このなかで「固定残業代制度」とはどういうものかを分かりやすくのべているので、議事録から紹介します。

「固定残業代制とは、労働者を募集する際、いかにもまともな賃金水準のように見せかけながら、実際には基本給を極めて低く設定しており、超長時間の残業をしなければ募集時に公表していた額には達しないというものです。例えば、募集広告では月給二十万円支払われるように見せかけて、実際には基本給は最低賃金すれすれの十二万円程度、残りの八万円はあらかじめ組み込まれた八十時間とか百時間という超長時間労働の残業をして初めて支払われる。ひと月の残業時間がこのあらかじめ組み込まれた残業時間に足りなければどんどん給料が減らされるという仕組みです」

吉良議員がとりあげたのは、外食産業「大庄《だいしょう》・日本海庄《しょう》や」で長時間労働のすえに「過労死」した新卒社員の給与です。裁判では会社側の敗訴が確定しています。

「固定残業代制度」について、厚生労働省は、時間外労働に見合った額を固定制で払うという制度自体は違法ではないという立場です。前の章でみたソニーの裁量労働制適用者に出している「エキスパート手当」のような、残業代相当分に当たる固定した特別手当を認めているのですから、そういわざるをえません。苦しい言い訳です。

しかし、このやり方は、残業代を少なくして長時間働かせるための手口として悪用されています。吉良議員が「固定残業代制度」による違反状況を質問したのにたいして、厚生労働省は、それ自体の調査はしていないとしつつ、2012年に東京労働局が発表した残業代の未払い違反件数2214件のうち、「固定残業代」にかかわるものが250件で、11・2%と報告しました。

吉良議員は、「固定残業代制度」の被害が拡大している大きな問題点として、求人の募集要項に月給総額だけが記載されていて、「固定残業代制度」になっていることが求職者にわからないようにされていることだと指摘しました。そして、次の2点を提案。

①労働者の募集、求人のさい、少なくとも基本給と残業代を分けて明示する

②固定残業代の場合はその内容を明示することを義務づける

これにたいして田村憲久《のりひさ》厚生労働大臣（当時）は「求職者に誤解を与えるような表現はよろしくないので、しっかり指導をしてまいりたい」と答弁しました。その質問からわずか3日後の3月14日。大臣が答弁した通り、厚生労働省が「求人受理時における求人内容の適正な対応について」という文書を関係3団体（全国求人情報協会、全国民営職業紹介事業協会、日本人材紹介事業協会）などに出しています。

求人の内容を的確に表示することを示した指針（1999年の労働省告示）にもとづいて、賃金などの労働条件が求職者に分かるように記載せよという内容です。この文書が吉良議員の質問をうけて出したものだということが、文書の後段の記述でわかります。次のように書いています。

「国会において『労働者の募集等に当たっては、基本給と固定残業代を分けて表示すべきではないか。』と指摘があり、ある求人において『基本給と固定残業代を合算した額を基本給』としていたものがあり、求職者を欺く求人ではないかと問題視されていました」と。

吉良議員の質問そのものではないですか。国会質問がさっそくこのような文書になって実を結びました。

厚生労働省は、あわせて都道府県の労働局にたいしても、管轄内の求人票の記載内容を確認し、

「固定残業代」にかんして不適切な記載のものについては、事業主に説明して早急に是正するようにと、文書で徹底しています。

横行する「固定残業代」による労働者の被害をなくすために、政治が動いたのです。

それにしても「サービス残業」の追及がきびしくなれば、「固定残業代」という新手の残業代不払い労働を考え出す。残業代を払わずに残業させることに、これほど執着するのは世界のどこにもない日本企業の特性だといえるでしょう。

２０１４年６月19日の参議院厚生労働委員会で日本共産党の小池晃《あきら》議員と厚生労働省の中野雅之《まさゆき》労働基準局長（当時）との間でこんなやりとりがありました。

小池　局長にお伺いしますが、これ、固定残業制というのは、これは臨時的であるべき残業を固定化するわけで、労働時間延長そのものなわけで、こんなルールでやっているところは日本以外にありますか。

中野　我が国以外でこのような割増し賃金を固定額で支払うという実態が広範囲に行われている国については承知しておりません。

「固定残業代制度」のようなずるいやり方がまかり通っている国は世界のどこを探しても見当たらないはずです。残業の是非はともかく、させたらその分はきちんと割増賃金を払う。これが世界の常識です。そういうごく当たり前のことがなぜ日本の企業はできないのでしょうか。企業の不正を追及し、残業をさせたらちゃんと残業代を払わせるたたかいは、手を抜くわけにはいきません。

■「通達つぶし」の起死回生の提案だった

「サービス残業」根絶の「4・6通達」に話をもどします。

財界は、たんに紙切れ一枚の通達だけだったら、この「4・6通達」をそれほど気にしなかったかもしれません。しかし国民の運動に後押しされて出されたのがこの通達でした。この国民の力が全国の労働基準監督署を動かして企業に立ち入り、「サービス残業」を摘発し、毎年その結果を発表するようになったのです。労働行政が大きく変わり始めたといっていいでしょう。この労働行政の変化に財界は脅威を抱き、総がかりで「通達つぶし」の攻撃に出てきました。

口火を切ったのがトヨタ自動車の地元、愛知県経営者協会です。

通達が出て以降、協会が会員企業の調査をしたところ、労基署から労働時間管理が不適切だという指導・勧告をうけた会員企業が35・7％にのぼったことが判明。もうガマンできないとばかりに、2004年3月26日、愛知労働局長にたいして異例の要望書を突きつけました。

「最近の労働行政は時間管理に重きを置くばかりで、労働時間制度の多様化、弾力化の流れに逆行している」「企業の実情に合っていない」として、４点の要望をあげていました。

①タイムカード等による労働時間の把握方法は、ホワイトカラーには適さないから労使にゆだねるべきだ。
②労働時間の法的規制が除外されている「管理・監督者」の範囲を拡大するべきだ。
③時間外労働協定（36協定）の特別条項の適用期間を「1年の半分以下」としている規制はせず、労使にゆだねるべきだ。
④事務、技術系労働者を労働時間の法的規制から除外する制度（ホワイトカラー・エグゼンプション）を早期に導入するべきだ。

このあと本体である経団連も同様の抗議の声をあげ始めました。２００４年12月に出した05年版「経営労働政策委員会報告」です。まず「４・６通達」を名指しして労働行政を攻撃します。

「最近の労働行政は、企業の労使自治や企業の国際競争力の強化を阻害しかねないような動きが顕著である。
とりわけ労働時間をめぐる労働監督行政については、ここ数年、これまで労使による取り決めをもとに企業ごとになんら問題なく対応がなされてきた事項についてまで、突如として指針や通達を根拠に、労使での取り組み経緯や職場慣行などを斟酌《しんしゃく》することなく、企業に対する指導監督を強化するといった例が多く指摘されている」

経労委報告は、このようにのべて、続けて「ホワイトカラー・エグゼンプション」の導入を本格的に位置づけて主張するようになりました。

労働者を残業代支払いの対象外にする「ホワイトカラー・エグゼンプション」という制度導入の動きは、このように「サービス残業」を取り締まる労働行政の強まりとともに、それへの対抗策として本格化していったのです。

財界のこの猛反撃はいったん成功しました。実は、04年末の経団連の猛反撃の少し前に、すでに小泉純一郎政権下の政府の総合規制改革会議（宮内義彦《よしひこ》会長）が労働時間の「適用除外方式を採用することを検討する」という答申を出し、3月19日に閣議決定されています。

そこではまだ「ホワイトカラー・エグゼンプション」という表現では出てきませんが、その方向性が出ていたのです。経団連の05年版「経労委報告」は、その推進をねらったものであり、続いて出された05年6月の「ホワイトカラーエグゼンプションに関する提言」はその中身の具体的な要求でした。

この制度の「検討」はそれ以降の答申でも盛り込まれ、そして2007年の労働政策審議会での法案要綱了承までたどりつきます。財界の念願が実現の寸前までいきました。

それが法案提出断念にいたったことはすでに見たとおりです。

総合規制改革会議の専門委員として「ホワイトカラー・エグゼンプション」の推進に当たった小嶌典明《こじまのりあき》大阪大学大学院教授が、２００９年3月に『職場の法律は小説より奇なり』（講談社、２００９年刊）という本を出しています。「４・６通達」にたいする特別の思いがあって、章をおこして論じている珍しい本です。

とくに通達が、使用者に労働時間管理責任があると指摘していることにかみついて、「労働基準法（労基法）そのものに、このことを明示した規定があるわけではない」（１６５ページ）と非難し、そもそもホワイトカラーに労働時間規制はなじまないと、労働の規制緩和論者が共通してとなえる主張をくりひろげています。

小嶌氏が書いていることで注目されるのは、当時の総合規制改革会議の提案はアメリカ型の適用除外制度への「円滑な移行を図ることにあった」（１７７ページ）とのべていることです。そうだったのかと思ったのは、さらにこの先です。こう書いています。

「それは、先にみた四・六通達や適用除外制度の現状に対する危機感から生まれた、起死回生の提案でもあったのである」（１７８ページ）

「起死回生の提案」だったとは、当事者でないとこうは言えません。「ホワイトカラー・エグゼンプション」は、まさに「4・6通達」で「サービス残業」の取り締まりがきびしくなり、いままでのやり方が通用しなくなって追い詰められている財界を救済する「起死回生」の作戦だったという当事者の証言です。

小嶌氏にいわせると、「起死回生」作戦で念願が叶《かな》う寸前だったのに、その流れを変えてしまうことになったのは、経団連が年収を400万円に設定した「提言」を出したことだったと嘆きます。これで「一部の政党や労働組合による『残業代ゼロ法案』キャンペーンが活発化し」、挫折を余儀なくされたと後悔しています。

残業代をまともに払わせようとした国民の運動と労働行政によって窮地にたった財界を、この「残業代ゼロ」制度で救うはずだったのに、財界が先走って欲を出したために失敗したというわけです。

第4章　日本の労働時間はなぜ長いのか

■残業を青天井にする「36協定」特別条項

この本の「はじめに」で書きましたが、使用者は労働者を週40時間、1日8時間を超えて労働させてはならないと労働基準法にはっきり定められています（第32条）。この通りならば、働き過ぎて死に至る「過労死」が社会問題になるような長時間労働は起こらないはずです。

しかし現実はそうなっていません。実際の労働のなかで法律の制限がまったく生きていない状態がまかり通っています。この問題を解決しないと、世界でも異常な日本の長時間労働はなくなりません。

なぜ、そのような異常事態が生まれるのか？　労働基準法には、この労働時間制限を「建前」だけにしてしまう別の規定があるからです。労使が協定を結んで労働基準監督署に届けると

表９　世界の労働時間の法的規制

	日　本	ＥＵ諸国	韓　国	米　国
上　限	週40時間。労使協定を結べば制限なし	時間外も含め週48時間 ドイツ―法定１日８時間 フランス―法定週35時間	週40時間。時間外は週12時間まで	週40時間。超えると割増賃金
勤務間休息規制	なし	24時間につき11時間の休息時間	なし	なし

いう形式的な手続きを踏めば、企業は労働時間の延長も休日労働も自由に労働者に命令できるという規定です。

それが第36条です。この条項によって結ばれる協定なので前にも述べましたが、「36（サブロク）協定」と呼ばれています。

日本の労働者は、法が定めた労働時間にではなく、企業の都合で決めた残業時間をプラスした労働時間によって１日の労働と生活が組み立てられることになってしまいました。ここに日本がフランスやドイツなどヨーロッパの国では考えられない長時間労働になっている原因があります（労働時間の法的規制の主な世界比較を表９にまとめました）。

「36協定」で許されている残業時間については、一応の限度基準があります。１９９８年に出した労働省告示（「大臣告示」）で「週15時間」「１カ月45時間」「１年３６０時間」などとされています（他に、２週間や２カ月などの期間での定めがあります）。

しかし、これを超えて働かせることができる「特別条項」があります。突発的な臨時の措置として、限度基準を超えて残業させなければならない「特別な事情」が予想されるときに、さらに残業を延長する協定を結んでもいいという例外の定めです。

せっかく「限度基準」をつくっても、同時に例外規定をつくって空文化してしまうという、日本独特の悪いやり方です。「特別条項」は期間が半年に限られていますが、特別の労働時間を何時間にするかは何の規制もありません。企業が自由に青天井で決めることができます。どんなに長い時間を設定しても問題にならないのです。こんなことが許されていいと、みなさんは思われますか？

では大企業は「36協定」でどれだけの残業時間を設定しているでしょうか？

「しんぶん赤旗」は、その残業時間設定を国民運動部の労働チームが中心になって調査し、その結果を２０１４年11月28日付で報道しました。それを２０１５年2月20日、志位和夫委員長が衆院予算委員会でとりあげることになります。経団連の会長・副会長企業、経済同友会の役員企業を中心に、大企業40社、93事業所の「36協定」について、情報公開制度にもとづく開示請求を労働局におこない、協定をとりよせて内容を分析したものです。

このなかで分かったのは月80時間を超える残業の協定を結んでいる企業は、40社のうち31社で、なんと8割近い77・5％にのぼっています。さらに年間８００時間を超える協定を結んでいる企業が3割を超えていました（表10参照。実際の労働時間がどうなっていたかを、やはり「しんぶん赤旗」が取材をしていますが、それを表11として掲げておきます）。

表10　日本経団連と経済同友会の役員企業の残業上限時間

日本経団連		1カ月の残業上限時間	経済同友会		1カ月の残業上限時間
東レ	会長	100	武田薬品	代表幹事	120
三菱商事	同副会長	100	ローソン	同副代表幹事	80
三菱東京UFJ銀行	〃	※80	リクルートキャリア	〃	120
丸紅	〃	120	三菱化学	〃	150
JR東日本	〃	90	G&S Global Advisors Inc.	〃	
第一生命	〃	50	LIXIL	〃	80
三井住友銀行	〃	80	日本生命	〃	80
日本郵船	〃	90	三菱地所	〃	90
三菱重工業	〃	80	伊藤忠	〃	100
アサヒビール	〃	90	ＡＮＡ	〃	80
東京海上日動火災	〃	60	ウシオ電機	〃	130
王子製紙	〃	135	経営共創基盤	〃	80
新日鉄住金	〃	80	ボストンコンサルティンググループ	〃	45
トヨタ自動車	〃	80	フューチャーアーキテクト	〃	50
東芝	〃	130	日産自動車	〃	80
日立製作所	〃	※133	小松製作所	〃	70
JX日鉱日石エネルギー	〃	120			
NTT東日本	〃	150			
野村證券	〃	72			

（注）１）※印は３カ月間の上限時間を１カ月に割り戻した時間。
２）時間外労働はいずれも各社が結んだ協定のうち最長のもの。
３）持ち株会社については中核企業の協定とした。複数の事務所で請求した企業についてはそのうちの最長のもの。
（出所）14都道府県の労働局の開示資料より作成。

表11　大企業の三六協定と実際の労働時間（2014年）

	三六協定月上限	特別条項年間上限	実際の年間残業時間	年間総実労働時間
トヨタ自動車	80	720	253	1,999.70
日産自動車	80	540	230	1,984.00
マツダ	80	750	309.82	2,078.86
三菱自工	80	720	349.82	2,124.38
日立製作所	150		358	2,091.70
東芝	120	960	395.5	2,091.90
富士通	100	720	233.2	1,975.90
三菱電機	105		414	2,162.40
ＮＥＣ	（3カ月360）	960	198.1	1,919.90
シャープ	80	750	195.5	1,919.10
新日鉄住金	80	750	333.4	2,089.30
ＪＦＥスチール	100	840	313.7	2,049.70
三菱重工	（3カ月240）	720	395.8	2,150.30
川崎重工	80	540	303.4	2,078.30
ＩＨＩ	200	800	279.6	2,061.20
住友重機械	140	720	325.2	2,085.70
三井造船	100	700	346.6	2,107.20

（注）ＪＣＭ労働諸条件一覧などから作成。
（出所）「しんぶん赤旗」2016年２月16日付。

この調査の中心になった行沢《ゆきざわ》寛史《ひろし》デスクは、あらかじめ予測していたこととはいえ、実際に調べてみて「36協定」による残業時間のあまりの長さにあらためて驚かされたといいます。そして「すでにこれほど長時間残業が常態化しているもとで、労働時間規制を撤廃する『残業代ゼロ』制度が導入されたら、日本企業の『総ブラック化』を加速させることになる」と語りました。

東京新聞が２０１２年に情報開示請求で東証一部上場企業のうち、売り上げ上位１００社の「36協定」調査を実施した結果を報道しましたが、１００社中の72社（72％）が月80時間を超える残業協定を結んでいます。

残業が「月80時間」というのは「過労死」の危険が高いラインです。厚生労働省が２００１年12月12日付で働き過ぎによる健康障害を防ぐために「脳・心臓疾患の認定基準」を示した通達を出しています。「過労死認定基準」といわれるもので、以下の内容です（次ページ図４も参照）。

①発症前1カ月間ないし6カ月間にわたって、1カ月当たりおおむね45時間を超える時間外労働が認められない場合は、業務と発症との関連性が弱いが、おおむね45時間を超えて時間外労働時間が長くなるほど、業務と発症との関連性が徐々に強まると評価できる。

②発症前1カ月間におおむね１００時間又は発症前2カ月間ないし6カ月間にわたって、1カ月当たりおおむね80時間を超える時間外労働が認められる場合は、業務と発症との関連性が強いと評価できる（棒線は引用者）。

図4 「過労死認定基準」

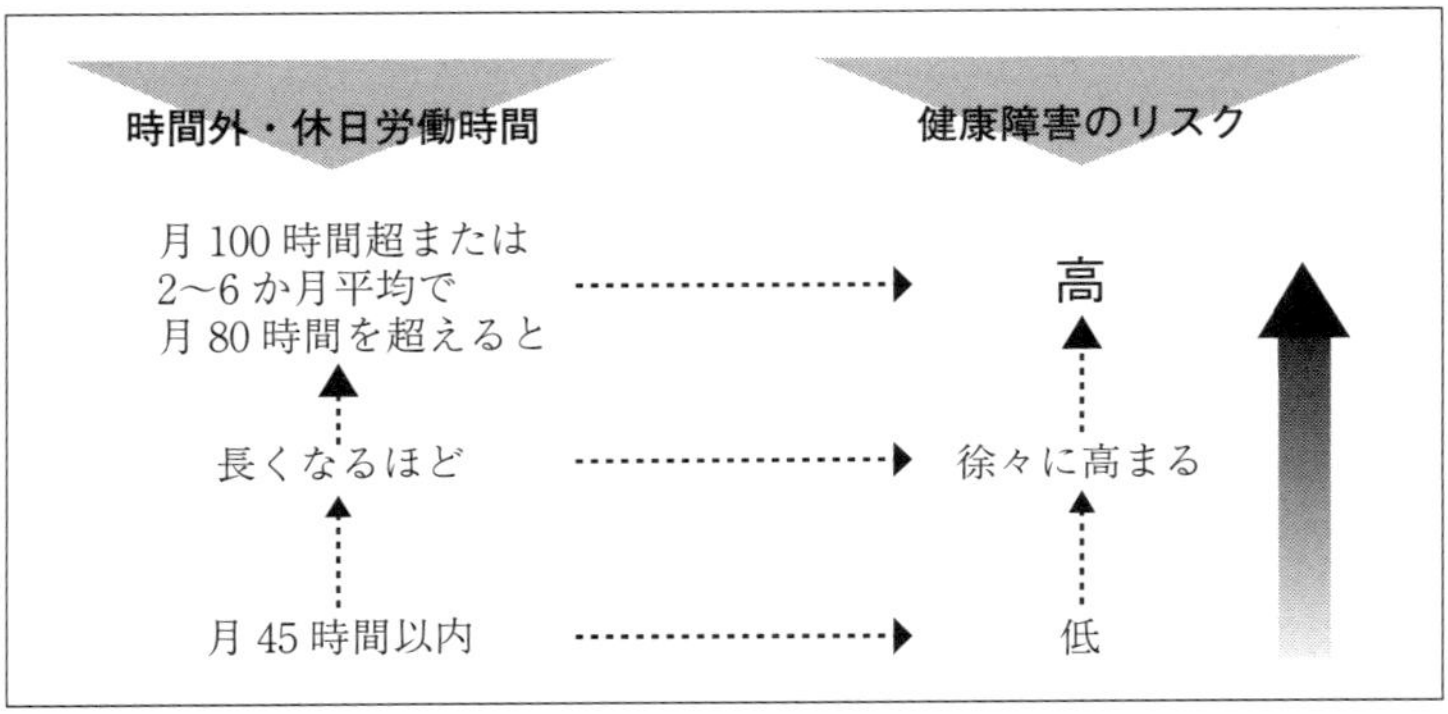

（出所） 厚生労働省「過重労働による健康障害を防ぐために」から。

　これは専門家の検討会による医学的研究をもとに示した基準です。月45時間を超える残業を続ければ「過労死」との関連性が「徐々に強まる」といっています。一般にこれは「警戒ライン」と呼ばれています。1日あたりにすると2時間程度の残業ということですから、大企業職場の労働者の多くが「警戒ライン」上にあるといえるでしょう。月80時間の残業だと関連性が「強い」という判断になり、健康障害の危険度がきわめて高い「過労死ライン」です。

　しかし日本の大企業のほとんどは、こういう警告を無視して、「過労死してもかまわない」といわんばかりの残業を労働者に押しつけています。

　これが日本の異常な長時間労働の構造的な問題です。

■年間2000時間超で高止まり

日本の労働時間は短くなっているとよくいわれます。たしかに1980年代は年間の総労働時間が2100時間を超える（1985年は2110時間）長さで、ドイツやフランスに比べて500時間も長いという異常さでした（なお、日本では長時間労働者の割合が世界レベルで見て異常に高いのですが、それを示す図5も次ページに掲載しておきます）。それが現在、1734時間ということになっています（厚生労働省「毎月勤労統計調査」2015年分。図6も参照）。

400時間近い短縮で、ヨーロッパの主要国に近づいているようにみえます。しかしこれは政府や企業が努力したから短くなったのではありません。短時間勤務のパートタイムで働く労働者が増えたので、こういう数字になっているのです。

いま日本の企業は、正規雇用の労働者を減らして、賃金が安い非正規雇用に置き換える動きを強めています。政府も労働法制を緩和して、この動きをバックアップしました。このためにパートタイムを中心にした非正規雇用で働く労働者が増えて、労働者全体の4割を占めるようになっています。パートタイム労働者というのは、アルバイトや派遣なども含めて労働時間が週35時間未満の人のことをいいます。一般労働者に比べて労働時間が短いので、パートタイム労働者が増えるに従って全体の労働時間は下がっていくことになります。

図５　世界での長時間労働者（週 49 時間以上）の割合（2013 年）

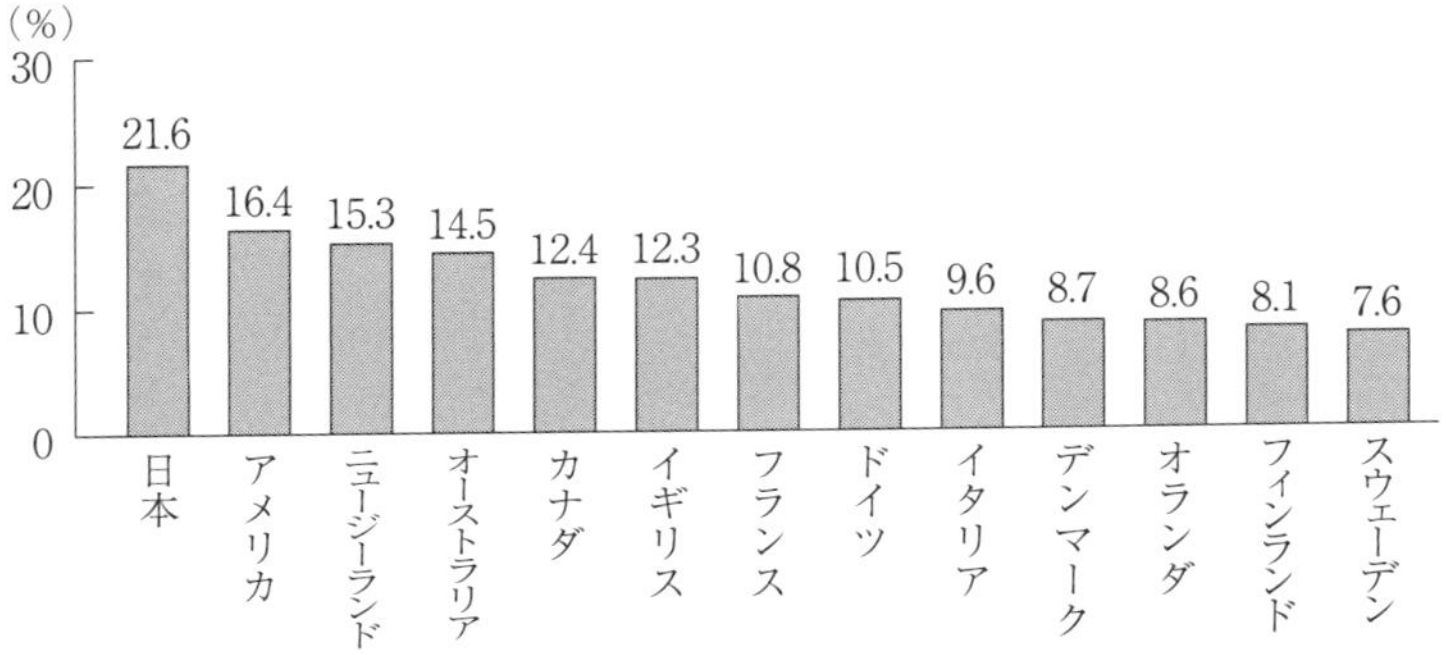

（出所）　労働政策研究・研修機構『2015 データブック国際比較』から。

図６　日本の年間総実労働時間の推移（パートタイム労働者含む）

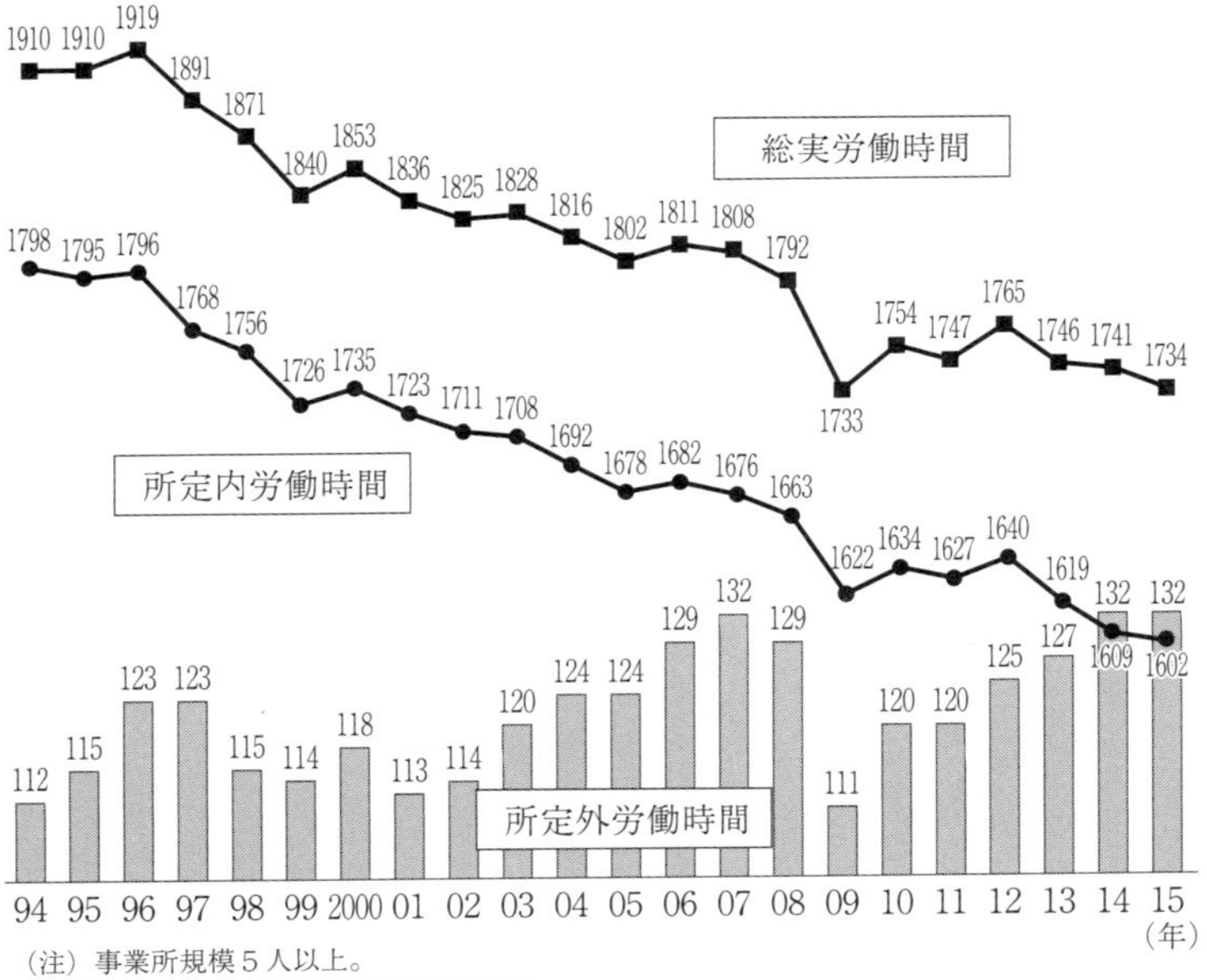

（注）事業所規模５人以上。
（出所）厚生労働省「毎月勤労統計調査」。

図７　就業形態別年間総実労働時間及びパートタイム労働者比率の推移

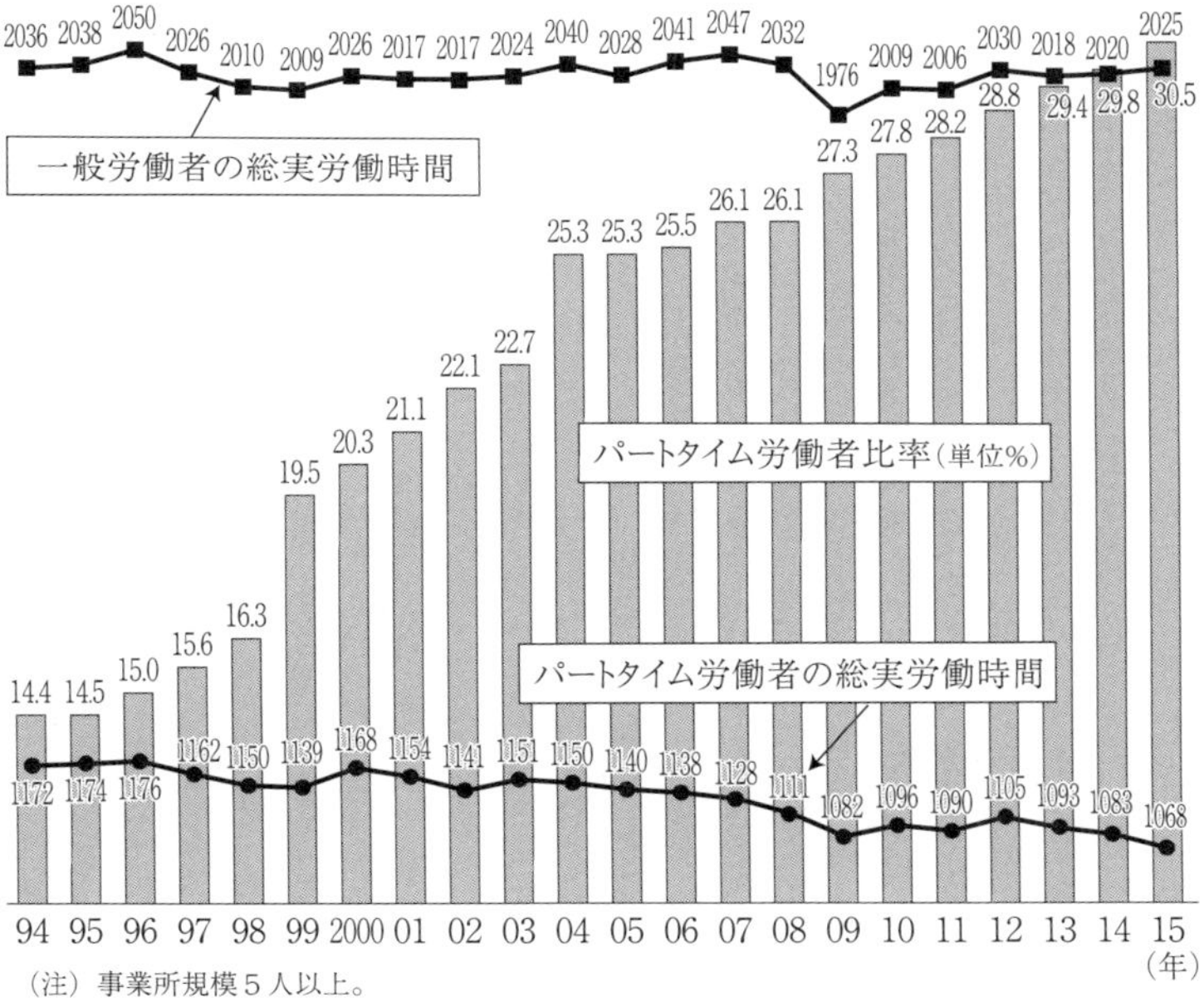

（注）事業所規模５人以上。
（出所）厚生労働省「毎月勤労統計調査」。

そこでパートをのぞいた一般労働者だけの労働時間をみると、２０１５年は２０２５時間になります。14年が２０２０時間ですから、増えています。80年代の２１００時間前後に比べてもそれほど減ったとはいえず、２０００時間台で高止まりという異常なレベルが続いているのが実態です（図７も参照）。

自動車や電機、鉄鋼、造船など大手の労働組合で組織されている全日本金属産業労働組合協議会（金属労協、ＪＣＭ）が加盟組合の労働時間などの労働実態をまとめたデータを公表しました。それによるとほとんどの職場で年間の総労働時間が１９００時間を超えています。しかも、その大多数が２０００時間超というのですから驚きです（表11を参照）。

「36協定」も、「過労死」の危険ラインなど〝どこ吹く風〟です。ほとんど月80時間をこえる協定を結んでいます。まわりの企業がみんないっしょで横並び状態なので、これは異常だという感覚がないのだと思われます。労働基準監督署はそのまま受理しています。

いま見た大企業職場のこの長時間労働の実態こそが、日本が働き過ぎの国であることの明確な証明です。

ところで、労働時間を考えるうえで、よく問題になるのは、厚生労働省の調査と総務省の調査の違いです。厚生労働省の「毎月勤労統計調査（毎勤）」は、企業が労働者に賃金を支払った労働時間です。一方、総務省の「労働力調査（労調）」は、労働者が実際に働いた時間を調査したものです。非正規雇用の労働者を除いた一般労働者の労働時間をみると、２０１５年の「毎勤」は先に見たように２０２５時間ですが、「労調」は２１９１時間。この差の１６６時間は結局、働いたのに賃金が払われなかった「サービス残業」だといわれています。

したがって日本の労働時間は、「サービス残業」や「固定残業代」などでごまかされている部分が多く、実態はよくわからないというのが、それこそ実態です。そこからも明確なことは世界でも突出した長時間労働だということです。

■増え続ける「過労死」の悲劇

労働時間が２０００時間を超えて高止まりしている状況の中で、労働者の健康への影響がますます深刻になっています。厚生労働省が毎年６月に「脳・心臓疾患と精神障害の労災補償状況」を公表してきましたが、２０１５年６月に公表した２０１４年度分から表題を「過労死等の労災補償状況」と改めるまでになりました。それだけ深刻になっていることを政府機関も認めざるをえなくなっているのです。なお、この「過労死等」としているのは死亡事例だけでなく重度の障害、自殺未遂などを含んでいるという意味です。

これを見ると２０１４年度の「脳・心臓疾患」と「精神障害」の労災申請件数は、合わせて２２１９件（次ページ図８、９参照）。うち死亡にかかわるものが４５５件です。厚生労働省が「過労死認定基準」を出した２００１年度の申請件数は合わせて９５５件でした。現在はほぼ２・３倍に増えたことになります。

そのうち「脳・心臓疾患」は、申請件数が７６３件で、２７７人が認定されています（図８）。死亡は１２１人になっています。申請者の業種を見ると、自動車運転者が中心の運輸・郵便業が飛び抜けて多く、建設業、卸・小売業、製造業と続いています。労災と認定された人の１カ月の残業時間は、全員が60時間以上です。60時間から80時間までの人が20人で、あとの２５７人が月

図８　脳・心臓疾患に係る労災請求・決定件数の推移

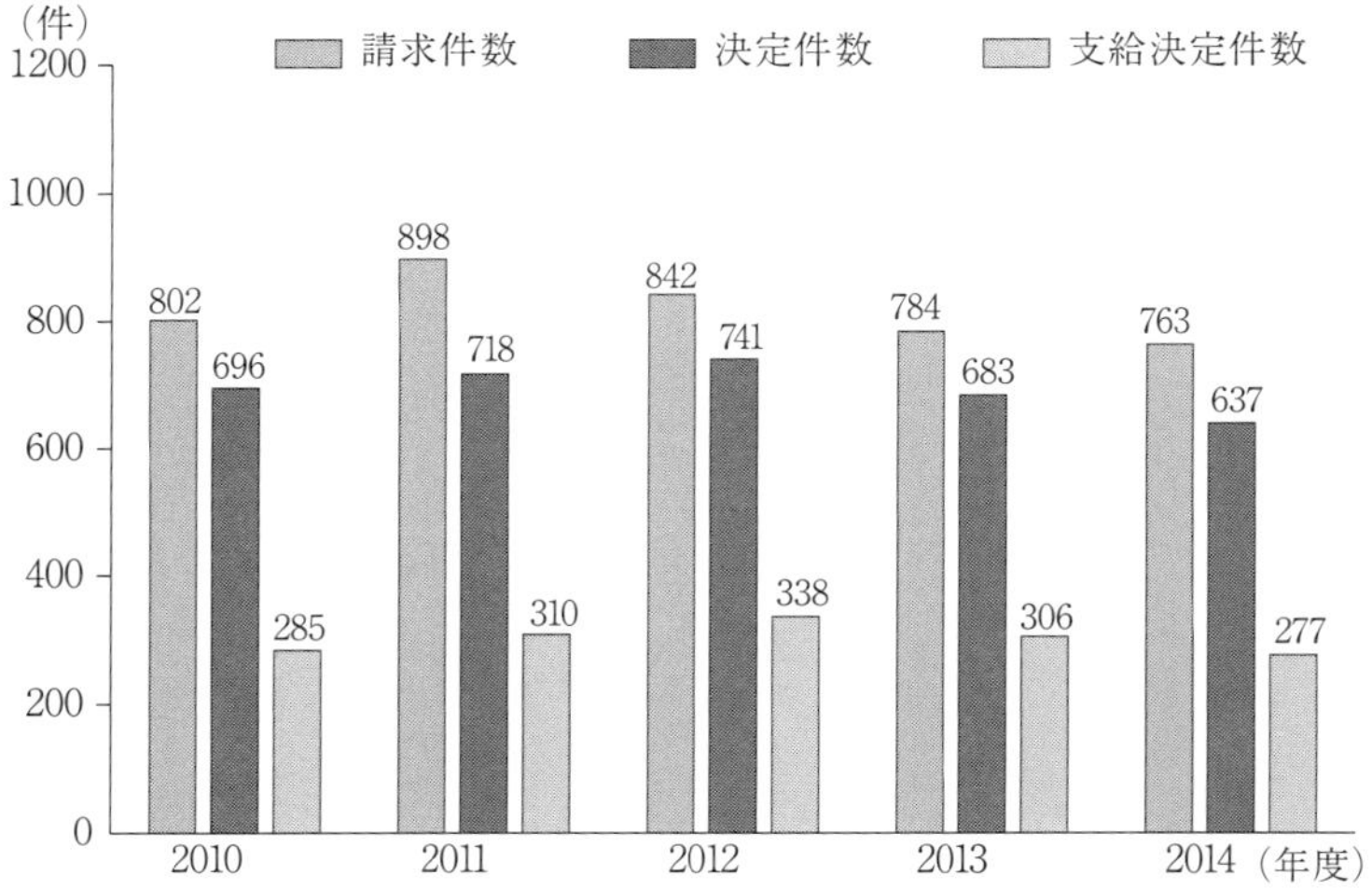

図９　精神障害に係る労災請求・決定件数の推移

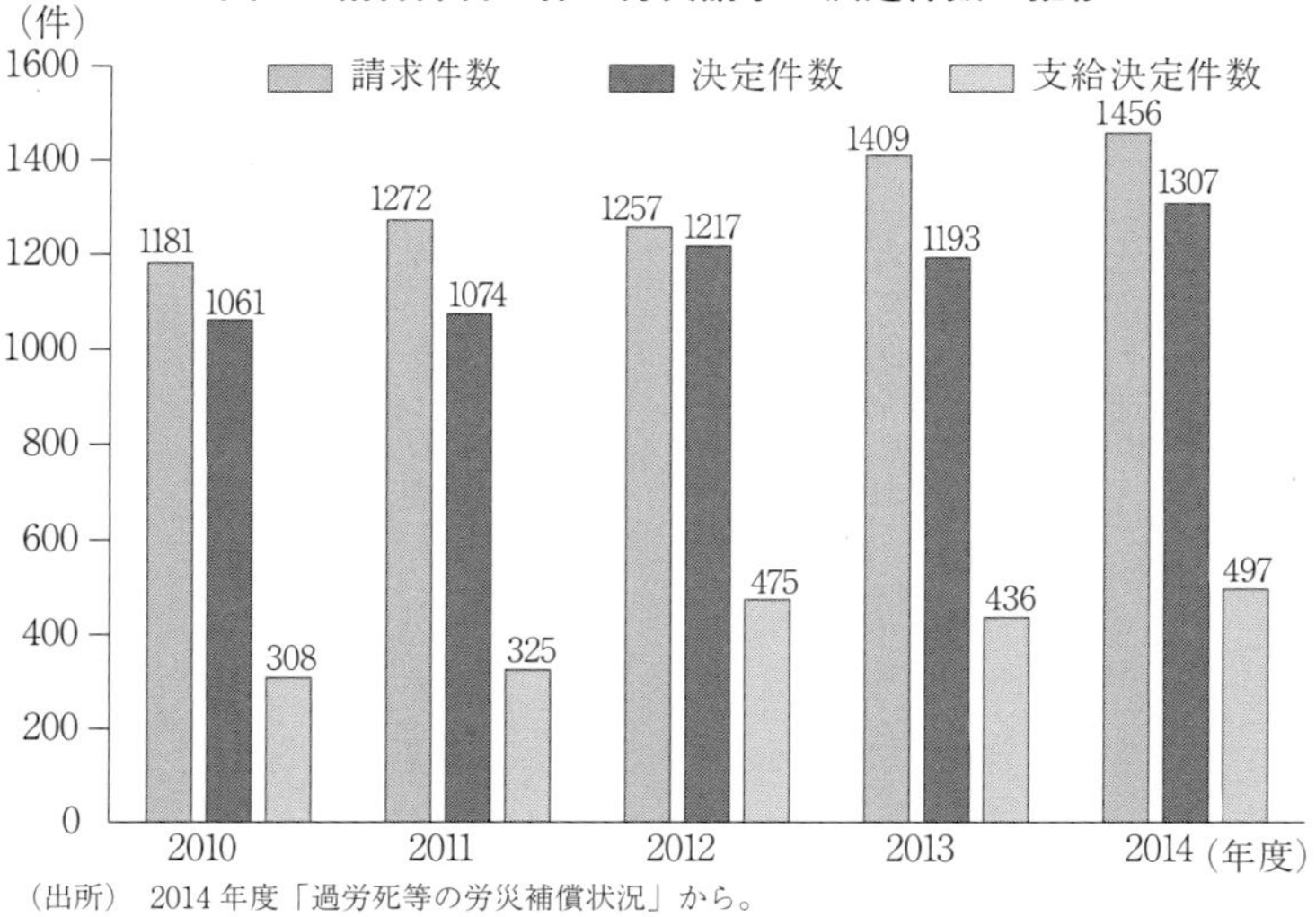

（出所）　2014 年度「過労死等の労災補償状況」から。

80時間以上の長時間残業をしています。80時間から１００時間未満という人が一番多い１０５人で、その次が１００時間から１２０時間未満の人で66人！　１００時間以上の人の割合は、なんと23・８％、４分の１という多さです。

「精神障害」は、申請件数が１４５６件で、４９７人が認定されています（図９）。このうち未遂を含む自殺が99人。深刻なのは申請件数、認定ともに過去最高をほぼ更新して増え続けていることです。

このため厚生労働省は、２０１１年12月26日付で新たに「心理的負荷による精神障害の認定基準」を定めました。このなかで心理的負荷（ストレス）は労働時間だけでは判断できないとしつつ、同時に負荷を「強」とする残業時間を以下のように定めています。

①発症直前の１カ月前におおむね１６０時間を超える時間外労働を行った等の極度の長時間労働に従事した場合。
②発症直前の連続した２カ月間に、１月当たりおおむね１２０時間以上の時間外労働を行った場合。
③発症直前の連続した３カ月間に、１月当たりおおむね１００時間以上の時間外労働を行った場合。

こういう基準をつくって警告しなければならないなんて、この国はいったい何だろうと思わずにはいられません。

２０１４年に認定された労働者の1カ月の残業時間は、やはり脳・心臓疾患とは違います。20時間未満の人が１１８人で最も多く、認定者全体の23％です。労働時間ではかれない心理的負荷があったということです。それに次ぐのが「その他」の89人。「その他」という区分は、心理的な負荷が極度で、労働時間を調査するまでもなく明らかに業務上と判断した事案と説明されています。

その次にくるのが１６０時間以上の67人です。80時間とか１００時間に集中している脳・心臓疾患の場合とは違って、１６０時間以上のケースのほうが多いというのが特徴です。そして自殺者（未遂も含む）が最も多い26人（26％）がここに集中しています。

１日8時間働いて月１７６時間というのが現在の平均的な労働時間です。これに月１６０時間の残業をプラスしたら、１日平均にすると7時間以上の残業をすることになるので、１日15時間を超える信じられない長時間労働になります。

考えるまでもないことですが、１日24時間ですから、残りの9時間のなかに通勤時間や食事、家族団らん、お風呂などの生活時間があるので、まともに睡眠時間がとれません。

認定された労働者が障害にいたった「具体的な出来事」として多いのは、「悲惨な事故や災害の体験、目撃をした」（72人）、「（ひどい）嫌がらせ、いじめ、又は暴行を受けた」（69人）、「１カ月に80時間以上の時間外労働を行った」(55人)、「仕事内容・仕事量の(大きな)変化を生じさせる出来事があった」(50人)などがあげられています。

職種では、「専門的・技術的職業」「事務」「販売」「サービス職業」が上位を占めます。年齢を見ると、申請、認定ともに40歳から49歳までの人が最も多く、申請した人の31%です。その次が30歳から39歳までの人で29%、20歳から29歳までの若者が20%で続いています。脳・心臓疾患は50歳代の人が最も多いのですが、精神障害は若い人の割合が高いのが特徴です。

「過労死」の要因として、極度な緊張をともなう仕事が続いたとか、成果主義による人間関係の悪化、競争激化、いじめ・パワハラなど精神的なストレスが積み重なるさまざまな問題があるのは確かです。しかしそれにしても労働者が健康を害する要因は、やはり長時間に及ぶ残業です。この点をはっきりさせて長時間残業を抑制しなかったら、「過労死」はなくすことができません。

■過労死防止法に逆行する

「過労死」被害者の家族の会の人たちを中心に、懸命の訴えが実って2014年の通常国会で「過労死等防止対策推進法」が成立し、同年11月に施行されました。「過労死」を防止する対策を推進する責務が国にあることを明確にし、対策を進める大綱を定めることを規定しています。その大綱が15年7月に閣議決定されました。

将来的に過労死等をゼロとすることをめざし、２０２０年までに、①週労働時間60時間以上の労働者の割合を５％以下にする（２０１４年時点で８・６％）、②年次有給休暇取得率を70％以上にする（２０１４年時点で47・３％）としています。

はっきりいって低い残念な目標です。それでもこれでさえ相当がんばらないと達成はむずかしいというのが現実です。必ず達成することを政府に求めることが重要です。とくに「週60時間」というのは、週に20時間の残業があるということですから、月にすれば「80時間」の過労死ラインを超えて残業をすることとです。これは早急にゼロをめざすべきです。

しかし、その場合でも、労働時間規制が適用除外される「高度プロフェッショナル」の労働者は、この数字にどう含まれるのでしょうか。適用除外ですから、そもそも把握の対象になりません。

休みをとらずに長時間働き、「過労死」の危険がもっとも高い層が、「過労死ゼロ」をめざす対策のカウント外に追いやられることになるとしたら問題です。しかも悲惨な状況があらわれていることがわかっても、知らぬ顔でこの層が含まれないデータを公表して「労働時間が短くなった」「過労死が減った」と喜ぶようなことにでもなったら、それこそ大問題。そういうことにはならないと誰がいいきれるでしょうか。

すでに見たように「高度プロフェッショナル」は、課長になる一歩手前の30歳代後半から40歳代の高度の専門職・技術・研究職の労働者です。職場では、成果を出すための強いプレッシャーを受けながら長時間働いている「過労死」の危険がもっとも高い層といえます。「過労死」対策がもっとも必要なこの層が、「過労死」防止の対策法ができたと思ったら、労働時間規制の適用外にされてしまうというのは、どう考えても不当です。

政府の「過労死」対策で、やはり気になるのは企業の責任をあいまいにしていることです。労働時間を青天井にしている「36協定」の問題など法の欠陥があるとしても、残業を労働者に命じているのは企業です。

週60時間以上働いている労働者は４６８万人もいます。このうちの17・０％が働き盛りの30歳代です。年次有給休暇は取得率が５割を下回っているだけでなく、１日もとっていない正社員が16％もいます。

労働者が勝手に残業し、年休もとっていないのではありません。企業が課している仕事の量が多いためにこういう状態になっています。労働者の働き過ぎは、あきらかに企業責任です。とはいっても個々の企業の良識に期待するというのは現実的ではありません。だからこそ労働基準法が重要です。労働時間をきちんと把握して、働き過ぎていたら休暇を取らせるなどの健康対策をとる。労働基準法が示している労働時間規制は、文字通り最低これだけはという基準にすぎません。

そういう労働時間を把握する企業の責任を免除する「高度プロフェッショナル」制度は、過労死防止対策とはまったく相いれないものです。

「過労死防止」推進法を制定する中心になってきた「過労死防止対策推進全国センター」（代表幹事＝森岡孝二関西大学名誉教授、寺西笑子《えみこ》全国過労死を考える家族の会代表、川人《かわひと》博弁護士）は、2015年2月5日、次のような声明を出しています。

「私たちは、過労死をなくしたいという願いから過労死防止法の制定に取り組み、法制定後は過労死防止対策の推進に全力を尽くしていますが、この『プロフェッショナル労働制』は過労死防止法に逆行して過労死を広げるものであり、断固として反対するものです」

父親を「過労自殺」で亡くしたマー君（当時小学校1年生）の詩を紹介してこの章を終わります。この詩は「全国過労死を考える家族の会」のホームページなどに掲載されています。

ぼくの夢

大きくなったら
ぼくは博士になりたい
そしてドラえもんに出てくるような
タイムマシーンをつくる

ぼくはタイムマシーンにのって
お父さんの死んでしまう
まえの日に行く
そして「仕事に行ったらあかん」て
いうんや

第5章　ＩＬＯ創立時にみる労働者への敵視姿勢

■労働条件改善への無理解

とても悲しいことですが、日本は政府も財界も、1日8時間という世界標準の労働時間を守って労働者を働かせようという意思をもっていません。「そんなことはない」という反論がもしもあったら、ではなぜいまだにＩＬＯ（世界労働機関）の労働時間に関する条約を1本も批准していないのか説明してもらいましょう。（なお、ＩＬＯの労働時間条約は合計18ありますが、日本はどれも批准していません。どのような条約かを表12に掲げておきます）

企業がもうけるためには、誰が何といおうが労働者を長い時間働かせることだという原始的な考えが、ヨーロッパ諸国に比べて日本の経営者は強いといえます。

労働者が長時間労働で苦しんでいるのに痛みを感じない、「サービス残業」「固定残業代」など

表12　ＩＬＯの労働時間条約（日本はどれも批准していない）

1号	労働時間（工業）条約
14号	工業的企業における週休の条約
20号	パン焼き工場における夜業に関する条約
30号	労働時間（商業及び事務所）条約
31号	炭鉱における労働時間を制限する条約
43号	板硝子工場における労働時間条約
47号	週40時間労働条約
49号	硝子ビン工場における労働時間条約
51号	公共事業における労働時間条約
52号	年次有給休暇に関する条約
61号	繊維工場における労働時間条約
67号	路面運送における労働時間及び休息の条約
101号	農業における有給休暇に関する条約
106号	商業及び事務所における週休の条約
132号	年次有給休暇に関する条約（改正）
140号	有給教育休暇に関する条約
153号	路面運送における労働時間及び休息の条約（改正）
171号	夜業に関する条約

残業代を払わずに労働者を働かせる抜け道探しにはことのほかの知恵をめぐらす。どうして日本の企業はこうなんだろうとそのルーツを考えていくと、ＩＬＯ創立時の日本政府の姿勢にたどりつきます。

１９１９年にアメリカのワシントンで開かれた第１回ＩＬＯ総会で、労働問題にたいする無理解をさらけだし、世界各国の顰《ひん》蹙《しゅく》をかった日本政府の当時の対応をみてみます。

ＩＬＯが創立されたとき、日本は治安警察法（１９００年制定）によって集会、結社、言論の自由は制限され、労働運動は弾圧の対象になっていました。ところがＩＬＯ総会は、政府２、経営者１、労働者１の３者構成です。このため第１回総会に出席するにあたって、政府は、経営者側の人物を労働代表にでっちあげて会議にのぞみ、それがバレて資格が問われる騒ぎをおこしています。

このＩＬＯ総会での日本政府の態度については、日本共産党の吉岡吉典《よしのり》元参院議員（故人）が『ＩＬＯの創設と日本の労働行政』（大月書店、２００９年刊）という著作で詳しく書いています。１９９８年８月から２年半、参議院労働・社会政策委員会の委員長をつとめていたころに集中的に調べ、研究してまとめたものですが、私はご本人から「当時の日本政府の外交文書を読み尽した」と直接聞いて、その徹底した調査にとても驚いたことをおぼえています。ＩＬＯと日本の関係を知るうえで欠かせないたいへん貴重で歴史的価値がある研究書として評価されています。

吉岡さんは、私が「しんぶん赤旗」の政経部記者だったときの部長で、１９０１（明治34）年に政府の農商務省（いまでいえば経済産業省）が、「女工哀史」で知られる製糸女工の実態など工場労働事情をはじめて調査し、03年に印刷した『職工事情』を読むよう教えてくれた人です。

吉岡さんの著作は、２００９年３月に倒れて急逝したために未完のままでしたが、有志によって同年12月に出版されました。ご本人はこの本がほとんど完成段階になったころ、研究してわかった埋もれた事実を使いながら広く労働者に読まれる要約版を出したいと語っていて、２００７年の雑誌『経済』11月号に「ＩＬＯ創設と日本政府の対応」という論文を寄稿しています。たいへんわかりやすい内容で、これを併せて読むとさらによくわかると思います。

吉岡さんの著作にも頼りながら、当時の政府の対応を３幕に分けてふりかえってみます。

第１幕は、第１回総会の準備過程での問題です。

ＩＬＯの創立は、第１次世界大戦の戦後処理のために１９１９年に開かれたパリ講和会議で議論され、ベルサイユ平和条約で設置することになりました。これがスタートです。条約の第一三編が「労働」の分野で、このなかで「世界平和は社会正義を基礎とする場合に於てのみ之を確立し得べきもの」とのべて、労働時間を制定するなどの「労働状態を改善することは刻下の急務」とうたっています。

そしてこの目的を達成するために「国際的規制のための常設機関」の設置、つまりＩＬＯの設置を定めているわけです。

パリでの講和会議ではまず、１９１９年２月１日から国際労働法制委員会が開かれました。ＩＬＯの創設を定めた条約の「第一三編　労働」の草案を議論し、まとめたのがこの委員会です。当時の日本は戦勝国であり、世界の「５大列強」の一つといわれた重い位置にあり、主要メンバー国でした。

最初の会議で早くも日本が驚くことが起こりました。議長に選出されたのが米国労働総同盟（ＡＦＬ）会長のサミュエル・ゴンパースだったのです。日本では弾圧の対象でしかなかった労働組合は、世界ではこのように扱うのが常識でした。

法政大学大原社会問題研究所の「日本労働年鑑（第65集　１９９５年版）」（旬報社、１９９５年刊）はこの人選について次のように書いています。

「これは、外交会議における民間人、とくに労働組合の代表が議長になるという画期的なことであったばかりか、当時の各国政府が、労働者側の意向を大いに配慮せざるを得なかったことを示すものである」（40ページ）

こうして委員会では、世界平和を実現する重要な課題として労働状態の改善をめぐる議論をすすめましたが、日本から出席していた2人の政府代表は、そのことがまったく理解できませんでした。講和会議で労働問題をとりあげることそのものに反対だったのです。日本の代表は、労働問題がそれほど重要だとは受けとめておらず、前もって何の検討もしていなかったために「晴天の霹靂《へきれき》だった」といいます。

このため提案される問題にたいする予備知識もなければ判断力もない。各国代表が活発に発言するのに、何もいうことができず、「留保」「留保」をくりかえすばかり。そして審議される議題について、どういう態度をとればいいのか、いちいち本国にお伺いをたてる「請訓」を出して回答を求め、その回答である「回訓」「訓令」を受けてからでないと意見をのべることも賛否の態度表明もできませんでした。

吉岡さんは先ほど紹介した『経済』論文でこう書いています。

「会議の議事録や、日本外務省編纂《へんさん》の『日本外交文書』に収録されている現地と本国政府のやり取りの内容や、関係省会議の記録で明らかになることは『留保の連発』、まことにはずかしい話です」（同号、122ページ）

本国では、現地からの問い合わせに対応するために、各省があつまって回答を協議する作業チームをつくりました。「国際労働法制問題に関し在仏国帝国講和委員に回訓のための関係省主任官協議」という、ものすごく長ったらしい名前です。〝日本の一番長い名前〟かもしれません。ここに各省が寄り集まって、現地からの問い合わせにたいする回答をつくっていたのです。

委員会の中心議題だった常設機関の設置（ＩＬＯ創設）の問題についても、当然ながら「請訓」が打電されました。本来なら反対だが、提案を重視している英米など各国との協調関係を考えると、日本だけ「協定の範囲外に立つは不得策」だと考えられるとして、どうしたらいいか本国の判断をあおいでいます。

本国の回答は、会議での提案事項は了承するけれども、それにしばられないように「猶予期間又は除外例を設くるの自由を留保する」というもので、現地代表は委員会の討議でこの趣旨の発言をしました。労働組合の公認については「その必要性なし」とし、労働組合を取り締まりの対象にする姿勢を変えませんでした。

こうして日本は、労働条件を改善していこうとする世界の流れに背を向け、足を引っ張るとい

うたいへん情けない姿勢をとったのです

■労働代表をでっちあげて派遣

第2幕は、ワシントンでのＩＬＯ第1回総会にむけた労働代表の選出問題です。労働運動は弾圧の対象でしかない日本政府にとって、国際機関の会議に労働代表を正当に選ぶなどというのはもってのほかのことでした。

このころの日本では、政府のきびしい取り締まりのなかでも労働者の運動が発展し、友愛会を中心に労働組合の組織化がすすんでいました。そして友愛会は1919年8月に大会を開いて名前を大日本労働総同盟友愛会と労働組合らしく改め、ＩＬＯの総会に向けて会長の鈴木文治《ぶんじ》を労働代表に推薦することを満場一致で決定しました。

総会の労働者代表は、労働者の「最も能《よ》く代表する団体」と協議して代表を任命すると決められていました。ところが政府は、労働組合を認めていないので、この決まりを隠して、勝手なやり方で人選をすすめて3人の候補を選び、最終的に鳥羽造船所技師長の桝本卯平《ますもとうへい》を任命したのです。会社の取締役でもあり明白な経営者側の人物です。

当然、労働者側から官選代表反対の運動がわきおこりました。桝本が総会に出席するために出発するとき、友愛会は東京駅で抗議行動を計画しましたが、鈴木らが警察によばれて中止させられ、組織的な行動がとれずに自由行動になったのですが、それでも10月10日、東京駅に労働者１０００人ぐらいが集まり、さらに横浜埠頭《ふとう》に行って弔旗、喪章、線香をたいて抗議しました。労働総同盟の幹部でもあった赤松克麿《かつまろ》の『日本社会運動史』（岩波新書、１９６８年刊）がこの反対運動の様子を書いているので引用します。

「枡本一行が横浜を出発する日、労働者の大群は、弔旗、位牌、榊《さかき》をもって押しかけ、横浜埠頭は、さながら一個の大葬儀場に化したのであった。政府は枡本の身辺の危険を恐れて、前晩ひそかに警視庁の自動車をもって彼を横浜に護送し、その晩は防波堤上の検疫所に一泊させ、翌日船が港外に出たとき、水上署のランチによって乗船させたという始末であった。船中でも問題が起った。乗組員の大半は、友愛会海員部の人々であったから、枡本反対の気勢が強く、機関部員はついに機関の火を落してしまった。ために船は数時間立往生したのであった。

さんざんに揉《も》めぬいた揚句《あげく》、船は出帆してアメリカについたが、一行が到着する前に、友愛会の枡本代表に反対する抗議文が、アメリカ労働総同盟会長ゴンパースの手許にとどいていた。ゴンパースは第一回国際労働総会に抗議文を取りついだ」（１６５ページ）

こうして日本の「官選労働代表」の選出問題は、総会の場に移りました。友愛会などの抗議文は10月28日にアメリカのゴンパースのもとに届けられたと「東京朝日新聞」が報道しています。

ワシントンで開かれた総会の準備委員会や資格審査委員会では、アメリカのゴンパースはじめオランダ、イギリスなどの代表が、日本は集会の自由やストライキを妨害して労働組合を認知していないという批判や、労働団体が存在しているのにそこと協議して代表を選ばなかったのは条約違反だという意見があいつぎました。各国労働代表らによる日本政府にたいする抗議集会も開かれました。

これにたいして日本政府は、日本は労働組合を認めているとごまかし、しかし労働組合がないところが圧倒的に多いので、組合の代表者と地方の工場の労働組合員でない代表の人選をして、そのなかから桝本が選ばれたとウソをつきました。それで各国の政府や経営者代表への個別の工作をおこない、なんとか資格審査をくぐり抜け、本会議でも承認されました。

しかし本会議には、各国労働代表による抗議集会をふまえて、ベルギーの労働代表から日本政府の労働代表選出方法に抗議する決議文が提案されました。最終的に総会決議としては認められませんでしたが、本会議の記録に残すことで決着しています。

第1回ＩＬＯ総会で、労働組合を敵視し、正規のルールで労働代表を選ばなかった日本政府への抗議決議文が提案されたという不名誉な記録があることを、過去の話としてではなく、いまを考える問題として政府も私たちも知っておくべきだと思います。

■8時間労働制にあくまで反対

第3幕は、8時間労働制に徹底して反対したことです。

労働時間問題は、ＩＬＯ第1回総会のもっとも重要な課題でした。世界の労働者が長年にわたって要求し、実現のためにたたかいつづけてきたテーマです。そして総会で採択した記念すべき第1号条約は、「1日8時間、週48時間」という労働時間条約です。

この問題でも日本の姿勢はきわだって後進的でした。デンマーク、フランス、イタリア、オランダなどヨーロッパの国々はすでに8時間労働制が大勢になっていました。そこで経済力で先進国の仲間入りしていた日本が、8時間労働制に反対しているというのは大問題であったわけです。総会では、先進国でありながら日本だけが労働組合も認めず、非人間的な長時間労働を続けるのは国際的に認められないという批判があいつぎました。

日本は、労働時間について次のような基本方針を閣議決定して総会にのぞみました。

①16歳未満は相当の猶予期間をもって1日8時間とする。
②16歳以上は相当の猶予期間をもって1日10時間とする。
③1日10時間制にたいしては週60時間制を採用する。
④週1回の休日制（なるべく日曜休日）は今直ちに実施し難し。

「相当の猶予期間」というのは、いつまでとはいえない遠い先まで期日を先送りするという意味です。つまり日本は、世界の流れに逆らって、1日10時間・週60時間制をとるということです。そして会議で日本を労働時間規制から除外する「特殊国」扱いをするように要求しました。そのために驚くばかりのむちゃくちゃな主張を展開しています。

経営者代表の武藤山治《むとうさんじ》の発言を要約しましょう。

「欧米各国は日本を世界市場での恐るべき競争国とみて、8時間労働制で生産を抑制しようという考えだろうが、それは誤解だ」

「日本の職工の労働能率は低級で、欧米に比べておおむね3割5分から5割程度だ。賃金が低いのも労働能率が悪いからだ」

「日本の雇い主と労働者の関係は、欧米と違ってはなはだ親密だ。労働者を圧制することはないし、労働者の地位向上もすすんでいる」

「日本の労働状態を急激に変えるのはまずい、不良の結果をもたらす。なぜなら日本の職工は、能率が低く、欧米の職工のように自ら修養しかつ運動、遊戯するなどの習慣がとぼしい。だから時間短縮で得た時間を利用することができない。かえって悪い結果をきたす原因になる」（前掲吉岡本、266〜268ページ）

こんなことをよくもまあ平気でいえたものです。政府代表も、労働者と雇い主が紛糾するような問題はおこっていないとか、日本は労働組合に関して禁止する法律はないし、彼らの欲するままに労働組合を組織するのは全然自由だとウソばっかりのべています。

しかも政府として現行法に満足しているわけではなく、労働組合の組織およびその発達を助長すべく積極的に労働組合をみとめる法律を制定しようと目下準備中だとでたらめをいう始末。

日本政府にそんな意思も準備もなかったことは明らかです。それどころか、このあと1925年には治安維持法をつくって、労働運動にたいしていっそうひどい弾圧政策をとるようになりました。

最終的に日本は「1日8時間、週48時間」規定の例外とする「特殊国」扱いとさせることを認めさせて、第1号条約に賛成しました。しかし日本政府は、こうして採択させた条約を批准していません。

戦後、労働基準法を制定して1日8時間労働制を実現してはいますが、先に見たように「36協定」によって事実上は無制限、青天井で労働させることを可能にしているためにＩＬＯの労働時間に関する18本の条約を1本も批准していません。

これが『ILO条約・勧告集』（第７版）

■いまなお続くＩＬＯ軽視の姿勢

吉岡さんが急逝する半年ほど前に、参院労働・社会政策委員長時代の話を聞くためにお会いしたとき、日本政府のＩＬＯ軽視の姿勢はいまも続く深刻な問題だといっていたことを思い出しました。その例として語っていたのが、著作にも書いていますが旧労働省が2000年に編纂した『ＩＬＯ条約・勧告集（第7版）』（労務行政研究所）の「序」に書いている認識です。

「条約を批准するか否かは各加盟国の完全な自由に属し、したがって、これを批准しなかった場合には、当該国については、条約はなんらの拘束力を有せず」（3ページ）とのべています。条約を批准しようがどうしようがその国の勝手であり、批准しなかったら拘束力はないのだという見解です。

この「序」文は初版を出した1955年に「編者しるす」とあるので、初版発行からずっと日本政府がこの立場に立っていたことを示しています。

吉岡さんは、条約を批准していなくても加盟国はその原則を尊重し、促進し、実現する義務を負うというのが正しい解釈であるとして、委員長時代に労働省（当時）の幹部にこの認識は誤っていると指摘したそうです。その幹部も正確さを欠いていると認めて是正するといっていたということでした。

このとき国会の質問でもとりあげたといっていたので、政府側がどんな答弁をしていたのか国会の議事録を調べてみました。２００2年5月21日の参院外交防衛委員会で質問していたことがわかりました。厚生労働省の大臣官房総括審議官が「批准しない場合でも様々な加盟国における義務があるというのはご指摘のとおりでございます」とのべて、「今後、条約・勧告集の改訂の機会に適切に対処してまいりたい」と答えています。

完璧な答弁ですから、吉岡さんは「そのようにお願いしたい」とのべて質問を終えています。私は、その後どのように改定して新しい版を出したのか知りたくて、改定版を入手しようとしたのですが、どこにも見当たりません。厚生労働省に電話で問い合わせたら「7版のあと改定版は出していない」という回答です。この先出すかどうかは「予定はない」ということです。

これにはさすがに驚きました。質問から14年近くたつのに何もしていない。改定版を出すつもりもない。いったいあの答弁はなんだったのか。その場かぎりのいい逃れだったということでしょうか。7版もすでに絶版になっていて手に入りません。

ということは、現在、日本には、政府が責任をもって出しているＩＬＯの条約・勧告集が一つもないという、たいへん異常な状態にあるということです。そういう国が世界のどこかにあるのでしょうか。

ＩＬＯ条約は、加盟国がめざすべき最低の労働基準を定めたものです。それを無視する日本政府の姿勢にはあきれかえってしまいます。

■世界を荒らす「ジャパニーズ・スタンダード」

労働者の働き方に重大な影響をあたえる「残業代ゼロ」制度を検討した政府の産業競争力会議や経済財政諮問会議が、労働者代表をはずした財界人中心の構成だったことも、「ＩＬＯ無視姿勢の現代版」といえるのではないでしょうか。労働時間規制の適用除外制度をつくるのに労働者の意見をまったく聞かないというのは世界の非常識というほかありません。

しかも産業競争力会議の議論をみても、竹中平蔵慶応大学教授は、政労使三者協議というＩＬＯの原則を全面否定する発言をくりかえしています。たとえば「私の理解では、ＩＬＯで定められているのは、自由な討論と民主的な決定に三者が参加するということで、三者が決めるということは言っていない。三者で大いに議論していただいたらよいと思うが、労政審でなければ何も決まらないということを繰り返していたら、議論は全く前に進まない」（２０１３年12月10日）という調子です。

労働者の意見を聞いていたら何もすすまないというのは暴論です。労働組合を弾圧の対象としてしか見ていなかったＩＬＯ第１回総会当時の政府、経営者代表とほとんど同じといっていい発想です。

しかもＩＬＯの三者は、労働代表にもちゃんと投票権があり、参加して議論するだけではありませんから、竹中氏の発言は間違いです。だとしても三者で大いに議論すればよいという考えなら、産業競争力会議にも労働代表を加えて大いに議論すべきだったのではないでしょうか。

「残業代ゼロ」制度をつくる理由として、安倍首相や榊原経団連会長は、さかんにグローバル競争の激しさをとなえ、これに立ち向かう競争力強化のために必要だといいはっています。日本の企業がグローバル競争に堂々と立ち向かっていこうとすることについて異議があるわけではありません。

問題はやはり、世界の労働水準をふまえた公正なグローバル競争をしようとしているのかどうかです。違和感をおぼえるのは、日本政府や財界がグローバル競争というときに、労働問題でのその立ち位置はＩＬＯが提唱している「ディーセント・ワーク」（人間らしい働き方）の精神にそったグローバル・スタンダード（世界標準）ではないということです。

日本は労働者を人間扱いしていないのではないかと世界の国々から疑われてもしかたがないような「36協定」「サービス残業」「固定残業代制度」など、日本だけの「ジャパニーズ・スタンダード」に、新たに「残業代ゼロ」制度という〝新兵器〟を加えて世界を荒らし回ろうとしているように思えます。

これでは日本は、労働条件の改善で世界平和をつくっていこうというＩＬＯの精神を踏みにじる卑怯な国だといわれてもしかたがないでしょう。労働者がどうなろうと企業がもうかりさえすればいいという姿勢で利益を増やしたからといって、はたしてグローバル競争の勝利者と自慢できるでしょうか。企業が空前の利益を積み上げながら賃金引き上げには回さず、３００兆円を超える「内部留保」を貯め込む一方で、労働者の実質賃金が下がり続けているいまの日本に、国民は不安を募らせているのが現実ではありませんか。

公正なグローバル競争に立ち向かうというときに、日本が何よりも力を入れて取り組む必要がある労働問題は、「残業代ゼロ」制度のような、労働者がへとへとになって働く意欲を損なうやり方をやめて、労働生産性が上がらない元凶《げんきょう》といわれている長時間労働の是正に踏み込むことだと思います。

その労働時間改革の方向について、次の最終章でのべてみます。

第6章　急がれている労働時間改革

■残業の限度定めた「大臣告示」の法律化を

世界の人々が首をかしげるような日本の異常な長時間労働はどうすれば改善できるのでしょうか。先に日本の労働時間は残業の上限規制がなく青天井だとのべましたが、やはり対策の決め手は労働時間の上限を法律で定めることです。

現在、日本には残業の限度について何の定めもないのかというと、そうではありません。先に紹介した１９９８年の労働大臣「告示」です。

この告示について当時の国会で政府は、「努力義務を超えて……労働基準法上の遵守義務」があると答弁しています。しかし現実は、「36協定」特別条項で限度基準を超えてもいいとされているために、大企業のほとんどが「大臣告示」の「月45時間」をはるかに超える協定をむすんでいます。せっかく定めた限度基準が空文化しているのが実態です。

この告示を法律化する議論が国会でありました。日本共産党の志位和夫委員長が２０１５年２月20日、衆議院予算委員会で残業が「月45時間」を超えると労働者の健康障害のリスクが高まるとした政府自身の報告書を示し、

「総理に問題提起をしたい。政府が本当に国民の生活・生命・健康に責任を持つというのであれば、残業の限度は『月45時間』とするという『大臣告示』が定めた規制を法律化し、法的拘束力を持ったものにすべきではないでしょうか」

と、安倍首相に迫りました。安倍首相は「慎重に検討すべき課題」とのべて、やるとはいいませんでした。

志位委員長は、安倍首相の姿勢は「労働者の命と健康よりも、日本経団連、財界大企業のもうけを上に置くというものであって、政治の重大な責任放棄だと私はいいたいと思います。重ねて『大臣告示』の法律化を強く求めたい」と強調しました。

テレビで放映された国会質問で、「大臣告示」の法律化が議論されたのは初めてのことです。こういう問題があることを初めて知った視聴者も多かったと思います。「大臣告示」を政治の重要な課題に押し上げたたいへん意義ある質問だったといえます。

健康を守る基準をせっかく設けているのに、残念ながら拘束力がない。その「大臣告示」を法律化するのは、労働時間の上限を定めるもっとも現実的な方向です。この実現のために世論を大きく高めることが重要だと思います。そして厚生労働省の「過労死基準」（月80時間）を平気で超えるような残業協定を認めている「36協定」の特別条項は廃止するべきです。

もとより「大臣告示」の「年３６０時間」という基準は、長すぎます。日本共産党は、１９９２年２月に労働基準法の抜本的改正案を発表していますが、このなかでは１２０時間としています。労働組合では全労連が要求しているのは１５０時間です。

本来はこうあるべきですが、「いますぐに、せめてこれだけは」という緊急提案として、現実に政府がもっている「大臣告示」を法律化し、まずは青天井で残業させられている状態をなくそうというのは大事なことだと思います。もともと政府の「大臣告示」なのですから、それに拘束力をもたせるのは政府だって本当なら不都合はないはずです。

安倍首相は、３月25日に開いた一億総活躍国民会議で「長時間労働を是正する仕組みをつくります」とのべ、「現在提出中の労働基準法改正法案に加えて、36協定における時間外労働規制の在り方について再検討を行うこととします」と表明しました。再検討するというなら、長時間労働をますますひどくする「高度プロフェッショナル制度」を撤回して、志位委員長が提起した「大臣告示」の法律化で「月45時間」を上限に定めるべきです。口から出まかせ発言といわれないように責任ある決断を求めたいと思います。

いまは、「大臣告示」の法律化を緊急の課題として労働組合、政党間の合意を広げ、実現に向かう好機ではないでしょうか。管理職になる一歩手前の労働者にいまもっとも必要なのは、「高度プロフェッショナル制度」ではなくて、「大臣告示」の法律化だということを徹底的に世論化したいものです。

■ただ働き残業の根絶

次に重要な問題として、長時間の残業をさせて残業代を払わない企業の犯罪を徹底的に取り締まることを提起したいと思います。「固定残業代制」「名ばかり管理職」、そして家に仕事を持ち帰る「ふろしき残業」というのもあります。

こういうさまざまなやり方でのただ働き労働＝「サービス残業」を一掃することが、長時間労働をなくしていくうえで重要です。「サービス残業」は、うっかりして残業代を払わなかったというのではなく、悪知恵をはたらかせて計画的におこなったものというのが実態です。

したがって「サービス残業根絶法」をつくって、「サービス残業」が発覚したら企業にとって大損失になるような強いペナルティーを科す必要があると思います。いま厚生労働省は、労働者の告発をもとに「サービス残業」の摘発、是正指導をおこなっていますが、違反した企業に対しておこなっている指導は、もともと払うのが当たり前の25％の割増賃金を払わせるということに止まっています。

労働基準法は１１４条で、残業代を払わなかった企業に対して裁判所が未払い残業代と同額の「付加金」（罰金）を払わせることができると規定しています。これは裁判になった場合に裁判所が命令できるという規定なので、労基署に摘発された企業のすべてに適用されるわけではありません。

たとえば店長を「名ばかり管理職」にして残業代を出さなかった日本マクドナルドの事件で裁判所は、違法と認めて残業代の未払い分とあわせて２５１万円の「付加金」の支払いを企業に命じました。こういう判決があるので、企業向けに弁護士や社会保険労務士が出している解説本には、残業代不払いが問題になって裁判になるようだったら、その前に労働者に25％の割増賃金を払っておしまいにした方が得ですよ、と指南しているものがあります。

ですから大事なのは、裁判で負けたら罰金含めて２倍の支払いということではなく、ただ働き残業が発覚したら２倍にして労働者に支払うことを常識にするべきです。〝倍返し〟するということです。

■現実をゆがめた議論

労働時間改革は、このほかにも最低11時間の勤務間インターバルの確保、年次有給休暇を最低

20日に増やして（現在は10日）完全消化させる措置など、重要な課題がまだまだあります。

それらの課題を実現することが重要ですが、最後に強調しておきたいのは、この本が主題とした安倍政権による「高度プロフェッショナル制度」創設の動きに対する運動の急務さです。しかもこの制度創設をバックアップしている学者、弁護士などのなかで、残業代という仕組みそのものを批判、攻撃する傾向が目立っていることに注意を向けるべきです。

その議論とは、企業は雇用を増やすよりも割安で、労働者も割増賃金をもらえるのでのぞましいという労使双方にメリットがあって、慢性的に長時間労働をうながす「残業代至上主義」になっているとか、割増賃金があるから労働者はそれを当てにして長時間労働をすることになるので、割増賃金は長時間労働の「促進要因」だなどという議論です。

そういって長時間労働をなくすためには残業の割増賃金制度をやめて、「成果に応じた賃金制度」に置き換えるべきだという方向に話をもっていくわけです。財界がこれをいったら、いかにも身勝手と聞こえますが、学者がいえば、そうかなと思う人がいるかもしれません。

これは、従来からある〝残業代を当てにして労働者がダラダラ残業しているのが長時間労働の原因だ〟と説く宣伝と同じです。問題をすりかえる悪質な議論です。

企業が雇用を増やすよりは25％という低い残業代を払って仕事をこなすほうが割安だと考えるのは、その通りだと思います。しかし労働者が残業代ねらいでダラダラ残業をすることを見過ごしている企業は、どれだけあるでしょうか。そんな労働者がいるなら、上司が叱ってやめさせればいいのです。それが見逃されているとすれば、経営者がよほど間抜けか無能だということでしょう。そういう部下を見逃している管理職は管理能力なし、失格ということです。そういう会社はおそらくつぶれるでしょう。

現実の大企業職場は、ダラダラ残業ができるような甘いものではありません。だいたいどこでも残業代の枠が設定され、しかもその枠内ではとうてい終わらない大量の仕事が押しつけられ、結局、残業代がもらえない長時間労働が常態化しているのが実態です。

そういう実態を見ずに、というより、知らんふりをして労働者を悪者に描き、残業代ゼロ制度をつくって「成果で」報いる方法に変えたほうがいいというのが彼らの議論です。とくにホワイトカラーはそういう働き方が合っていると、もっともらしく主張しています。

政府も財界も、そして同じ側に立つ学者も２００７年の失敗にそれなりに学び、さまざまな新しい論点を出してきています。「残業代ゼロ」制度に反対するたたかいでは、こうした現実をゆがめて労働者の正当な主張に水をさす議論をはねかえすことが重要になっていると思います。はねかえす材料は、職場の現実そのものです。職場から大いに討論をまきおこしていくことが求められています。

おわりに

この本の原稿を書いているあいだに何回か、マルクスの話をどこかで書こうという思いが出たり引っ込んだりしていました。もう終わりが来てしまいましたが、少しだけ触れさせてください。マルクスの『資本論』（第一部第三編第八章　労働日）に登場するイギリスの工場監督官の話です。労働者の時間を「『こそどろ』する」工場主についての報告が、あまりにも現代に通じているのです。

「違法な時間に労働者たちが仕事しているのを現場で押さえると、労働者たちがどうしても〔定時に〕工場を立ち去ろうとしない」（新日本新書版②411ページ）と見え透いた言い訳をする工場主の話は、現代でもおこっています。そして「法定時間を超えた過度労働で得られる特別利潤は、多くの工場主たちにとってあまりにも大きい誘惑であり、これに抵抗できないように思われる」（同前413ページ）という的を射たなかなかの分析。労働者をただ働きから守るために工場をかけ回る1860年代の監督官にたいする連帯感とでもいうような気分がわいてきます。

マルクスは、労働者の食事時間や休息時間を資本が「『こそどろ』すること」を、工場監督官たちは「数分間のちょろまかし」「数分間のひったくり」とも呼び、または「〝食事時間のかじり取り〟」（同前）とも呼んでいると書いていますが、資本家のやることは昔も今も同じだなあと改めて実感させられます。

ですが同時に思うのは、いま日本の財界と政府が考えている「残業代ゼロ」制度は、数分の「ちょろまかし」「ひったくり」とはまるでスケールが違う〝大どろぼう〟の企みといえるのではないでしょうか。労働時間ルールが適用されない制度をつくって、労働者の時間を丸ごとさらってしまうのですから、ひどい話です。

「グローバル競争に対応するために」「ホワイトカラー労働者には労働時間規制がなじまない」「労働時間かどうかの判断が難しいから成果で評価する」。

これが現代の〝大どろぼう〟が繰り出す論理です。

机に向かっているだけで働いているかどうかわからない、ダラダラ残業して課長より収入が多い労働者がいるのはおかしい、と現代の経営者はいいます。たしかに課長の一歩手前の労働者が長時間の残業代をまともに請求すれば、少ない役職手当だけの課長より収入が上になることは、十分にありえます。これはある意味でグローバル競争の産物かもしれませんが、これは企業内の手当制度の欠陥であって、法律が悪いわけではありません。

それにしても「残業代ゼロ」制度を検討してきた政府の産業競争力会議などの会議で、現代の〝大どろぼう〟の論理がどれだけ正当性があるのか、まともに検討した形跡がまったくありません。それを考える何のデータもありません。

ホワイトカラーには労働時間規制が本当になじまないのでしょうか？　経営者に都合がいいからということ以外に何か根拠があるのでしょうか。労働者の働き方を、経営側の論理だけで一方的に決めるというのは根本的な間違いです。「高度プロフェッショナル制度」で際限ない長時間労働をさせるような企業は、現代の若者から嫌われて、有為な人材を得られないようになるかもしれません。

道理のない法案は絶対に成立させるべきではありません。

日本では、世界の人びとがびっくりする「サービス残業」や「ブラック企業」「ブラックバイト」が横行している実態があります。財界は、これに真剣に立ち向かおうとしません。もし、この本を手にしているあなたがそのような働き方をさせられていたら、全国労働組合総連合（全労連＝03・5842・5611）や日本共産党（03・3470・9636）、近くの労働基準監督署に、ぜひ相談して下さい。

この本を出版することになったのは、2016年の1月、新日本出版社の田所稔社長と、労働基準法が改悪されて「残業代ゼロ」制度ができたらたいへんだ、労働者が読んでわかりやすい本を出せるといいですね、という立ち話をしたのがきっかけでした。数日後、田所社長が「昆さん、書いてよ」と振ってきて、身のほど知らずにも引き受けてしまったというしだいです。こういう機会を与えてくださったことに心から感謝しています。完成までに、さまざまな人たちの協力を得ました。あわせてお礼を申し上げます。

昆 弘見（こん・ひろみ）
1946年岩手県生まれ。1973年から2014年までしんぶん赤旗記者。政治、労働分野を主に取材。赤旗編集委員、国民運動部長などを歴任。
現在、フリージャーナリスト、労働運動総合研究所会員。

あなたを狙《ねら》う「残業代《ざんぎょうだい》ゼロ」制度《せいど》

2016年5月10日　初　版

著　者　昆　弘見
発行者　田所　稔

郵便番号　151-0051　東京都渋谷区千駄ヶ谷4-25-6
発行所　株式会社　新日本出版社
電話　03（3423）8402（営業）
03（3423）9323（編集）
info@shinnihon-net.co.jp
www.shinnihon-net.co.jp
振替番号　00130-0-13681
印刷・製本　光陽メディア

落丁・乱丁がありましたらおとりかえいたします。

ISBN978-4-406-06009-7　C0036　Printed in Japan